FREIHEIT, KRIEG UND RACHE

ÜBERLEBEN BEI DEN JÜDISCHEN PARTISANEN

Editorische Anmerkung

Die englische Fassung *How I survived,* erschienen in *Surviving the Holocaust with the Russian Jewish Partisans* von Jack Kagan und Dov Cohen, London 1997, wurde von Adam Kerpel-Fronius (Stiftung Denkmal) in die deutsche Sprache übertragen. Es werden die deutschen Ortsnamen bzw. die in den jeweiligen Ländern bis 1939 geltenden Formen verwendet.

Impressum

Herausgegeben von Adam Kerpel-Fronius
Stiftung Denkmal für die ermordeten Juden Europas

1. Auflage 2012
V. i. S. d. P. / Redaktion: Uwe Neumärker
Umschlagabbildung: Jack (Idel) Kagan und Tevele Niankowski
kurz nach der Befreiung, 1944.
Satz, Gestaltung und Litho: buschfeld.com – graphic and interface design, Berlin
Druck und Bindung: MKL Druck GmbH & Co. KG, Ostbevern

... Ergebnisse bzw. Informationen
... 1. Dezember 2011.

... rzeichnet diese Publikation in der
... taillierte bibliografische Daten sind im
Internet über http://... abrufbar.

www.stiftung-denkmal.de

Jack Kagan

FREIHEIT, KRIEG UND RACHE

ÜBERLEBEN BEI DEN JÜDISCHEN PARTISANEN

Herausgegeben von Adam Kerpel-Fronius

Stiftung
Denkmal für die
ermordeten Juden
Europas

INHALT

ZU DIESEM BUCH

Die vorliegenden Erinnerungen Jack Kagans sind ursprünglich zusammen mit dem Bericht seines Cousins Dov Cohen (*1922 als Berl Kagan) in einem Band erschienen.
Jack Kagan schrieb seine Erinnerungen auf Englisch nieder, Dov Cohen, der seit 1948 in Israel lebt, auf Hebräisch. Beide Texte ähneln sich in ihrem Aufbau sehr, wobei natürlich die unterschiedlichen Perspektiven der Autoren zur Geltung kommen. Vor allem gehörte der sieben Jahre ältere Berl bei den Bielski-Partisanen zu den Kämpfern. Jack Kagan spricht mit aufrichtiger Bewunderung von ihm.

Für eine bessere Lesbarkeit und wegen des Prinzips, in dieser Zeitzeugenreihe jeweils einen Überlebenden seine Geschichte erzählen zu lassen, wurde entschieden, Jack Kagans Erinnerungen allein zu veröffentlichen.

ÜBER NOWOGRÓDEK

Am 13. März 1881 ermordeten Revolutionäre Zar Alexander II. Seine Berater hielten es für angebracht, den Tod ihres Herrschers zu rächen und ihren Ärger gegen die Juden zu richten, was eine Welle von Pogromen in ganz Russland zur Folge hatte. Juden begannen zu emigrieren, vor allem nach Amerika, ins ›Goldene Land‹ – 2.378.000 Juden wanderten zwischen 1880 und 1924 aus dem Land aus, darunter 4.500 aus Nowogródek.

Einmal habe ich einen alten Artikel in einer amerikanischen jüdischen Zeitung gefunden, der die Juden Nowogródeks zur Auswanderung in die Vereinigten Staaten aufruft und ihnen Geld in Aussicht stellt.

Während des Ersten Weltkrieges litten die Juden in der Gegend von Nowogródek sehr, zuerst unter deutscher Besatzung, dann unter den Bolschewiken und verschiedenen antisemitischen polnischen Banden. 1921 war nach dem Frieden von Riga der Krieg endlich vorbei und Nowogródek ein Teil Polens. Im selben Jahr wurde eine Volkszählung durchgeführt; von den insgesamt 9.230 Einwohnern waren 4.500 Juden. Um dieselbe Zeit wurde auch in der Nowogródeker Synagoge unter der Adresse 101 Hester Street, New York, eine Zählung durchgeführt, wobei herauskam, dass allein in New York 4.500 Juden aus Nowogródek lebten.

In New York wurden sechs Komitees gegründet, um den in der Heimat Gebliebenen zu helfen; jeder aus Nowogródek stammende Jude wurde registriert.

Einer der wichtigsten Anführer der Komitees war Alexander Harkavy. Er wurde 1863 geboren. Er verließ Nowogródek 1878, ging nach Wilna und später nach New York. Er war ein hochgebildeter Linguist und Autor, der zwischen 1888 und 1890 das erste Englisch-Jiddische, Jiddisch-Englische Wörterbuch herausgab. Er brachte jüdischen Emigranten mit Zeitungsausschnitten Englisch bei und übersetzte viele Bücher aus dem Englischen ins Jiddische. Er hat seine Heimat nie vergessen. Er brachte alle Nowogródek-Komitees unter einem Dach zusammen und gründete somit das *Alexander Harkavy Vereinigte Hilfskomitee für Nowogródek* (Alexander Harcavi United Novogrudker Relief Committee). Das Komitee arbeitete hart, um für die verarmten Juden von Nowogródek Geld zu sammeln. Harkavy veröffentlichte ein Buch über die Stadt, der Gewinn ging an das Komitee. Auch Konzerte wurden organisiert. Schließlich kam die stattliche Summe von 40.000 Dollar zusammen, die an eine Bank in Wilna überwiesen wurde.

1921 brach Harkavy zusammen mit einem Assistenten auf, Nowogródek zu besuchen. Die polnische Regierung hatte sich gerade an der Macht eingerichtet. Nach seiner Ankunft in Wilna benachrichtigte Harkavy den Gouverneur, dass eine größere Summe aus den USA bei der Bank angekommen war, woraufhin der eine Eskorte zur Verfügung stellte. Harkavy holte das Geld ab und wurde in Nowogródek von der gesamten Bevölkerung begeistert empfangen. Er war wie ein Hoffnungsträger, ein Lichtstrahl.

Während der fünf Wochen, die er am Ort verbrachte, entwickelte er Pläne für die Zukunft der Gemeinde und wirkte auch bei der Formulierung einer Verfassung für die jüdischen Bürger Nowogródeks mit. Es wurden demokratische Wahlen abgehalten. Alle Männer und Frauen über 20 durften wählen und Kandidaten vorschlagen – für das Hauptkomitee und die 15 Unterkomitees, darunter acht für Wohlfahrt, sechs für kulturelle Belange und eines für Justiz (*Beit Din*). Die acht Wohlfahrtskomitees waren wie folgt: ein Komitee für das Waisenhaus (1921 gab es 60 Waisen zu unterstützen), ein Komitee für das Altersheim (*Moshav Zkanim,* mit damals 30 Bewohnern), ein Komitee für die Unterstützung des jüdischen Krankenhauses (*Hekdesh,* mit 25 Betten), des Rettungsdienstes und einer Apotheke, ein Komitee für den Roten Davidstern, der Medizin und Lebensmittel unter Bedürftigen verteilte, ein Komitee für die Unterstützung der Suppenküche, die täglich 600 bis 660 Mahlzeiten zubereitete (zu 60 Prozent vom Komitee finanziert, den Rest trug das Hauptkomitee bei), ein Komitee für die Suppenküche der Erwachsenen, die täglich 300 Mahlzeiten ausgab, ein Komitee zur Unterstützung der ORT-Schule (eine jüdische Berufsschule, *Shokdei Melacha*), damit Kinder ein Handwerk erlernen konnten: Mädchen wurden als Näherinnen, Jungen als Tischler ausgebildet, sowie ein Komitee für die Gesellschaft für zinslose Darlehen (*Gemilut Chesed*).

Die Kulturkomitees waren: ein Komitee für die Hebräischschule (*Tarbut*) mit dem Namen *Chaim Nachman Bialik,* die 800 Kinder unterrichtete (der Lehrplan war derselbe wie in ›Eretz Israel‹), Komitees für Kindergärten, ein Komitee für den *Gan Trumpeldor (Cirey Zion)* mit

100 Kindern, ein Komitee für Erwachsenenbildung für 80 Personen, ein Komitee für den Talmudunterricht sowie ein Komitee für die Landwirtschaftsschule.

Das Kulturkomitee war für die Bibliothek zuständig, die 7.000 russische, deutsche, jiddische und hebräische Bücher besaß. Und es gab noch das Justizkomitee (*Beit Din*).

Die Hauptsprache der Juden war Jiddisch und in vielen Häusern wurde modernes Hebräisch gesprochen, der Schulunterricht war auf Jiddisch oder Hebräisch, die einheimische Bevölkerung sprach weißrussisch und die offizielle Sprache war Polnisch.

Die Komitees nahmen ihre Arbeit auf und mithilfe der Spenden aus Amerika wurden Fortschritte erzielt. 1931 kehrte Harkavy mit weiteren Geldern nach Nowogródek zurück. Er war zufrieden mit den Verbesserungen im jüdischen Leben Nowogródeks. Er machte viele Fotos und drehte einen Film über das Leben in der Stadt, weil er den Nowogródeker Juden in New York den Fortschritt der letzten zehn Jahre zeigen wollte. (Dieser Film tauchte in den frühen 1960er Jahren in New York auf. Ich habe viele Kopien anfertigen lassen, um sie an Universitäten und Museen zu schicken. Das Diasporamuseum in Tel Aviv vertonte den Film.) Immer, wenn ich über die Zerstörung unserer Gemeinde einen Vortrag halte, zeige ich diesen Film.

MEINE FAMILIE UND DER KRIEG

Ich wurde 1929 in eine einzigartige Familie hineingeboren. Zwei Brüder heirateten zwei Schwestern, und es herrschte Harmonie im Haus! Obwohl wir zwei Häuser hatten, wohnten wir in einem. Alles war Zusammensein. Das wichtigste im Leben war die Familie.

Mein Vater Jankel war Geschäftsmann. Mein Onkel Mosche war ein sehr fleißiger Mann, der seine Arbeit liebte: Er führte die kleine Sandalenfabrik und die Sattlerei weiter, die mein Großvater Leiser gegründet hatte. Leiser war in der gesamten Umgebung als ehrlicher Mann bekannt. Bis zum Ende hieß es bei den Bauern in der Gegend immer, dass sie bei Leiser einkauften.

Meine Mutter Dwore war Geschäftsfrau und führte die beiden Läden, in denen wir Sandalen und Sättel verkauften; meine Tante Schoschke war Hausfrau. Ich hatte eine Schwester, Nachama, zwei Jahre älter als ich. Mein Onkel und meine Tante hatten zwei Kinder. Der ältere, Berl, wurde nach dem Vater meiner Mutter benannt; der jüngere, Leiser, der zwei Jahre älter als ich und ein sehr lebendiger, liebenswerter Freund war, nach meinem Großvater.

Wir waren eine Familie der Mittelschicht, uns fehlte es an nichts. Die Jungen führten die Tradition des Schtetl fort, indem sie Menakers Cheder besuchten, um beten zu lernen und die Bedeutung der Tora zu begreifen; danach gingen sie auf die Tarbutschule, um Hebräisch zu lernen. Die Tarbut galt als sehr gute Schule, sie hatte 800 Schüler und alle Fächer wurden auf Hebräisch unterrichtet – mit Ausnahme von Polnisch, der offiziellen Landessprache. Wir hatten großartige Lehrer wie Herrn Leikin, Herr und Frau Levin und andere. Der Direktor hieß Herr Mosche Steinberg, ein äußerst engagierter Mann. Als 1941 der deutsch-russische Krieg ausbrach, zog er sich mit der russischen Armee zurück und unterrichtete in Russland. Als er nach dem Krieg nach Nowogródek zurückkehrte, erfuhr er, dass seine Frau und seine beiden Töchter von den Deutschen ermordet worden waren. Wir brachen dann zusammen nach Polen auf. Jahre später hörte ich, dass Steinberg nach Israel ausgewandert war und seinen Namen in Scharig änderte. Die ›Jewish Agency‹ schickte ihn nach Buenos Aires, um Direktor einer Hebräischschule zu werden, er blieb sieben Jahre dort. Er kehrte schließlich mit seiner zweiten Frau nach Israel zurück und starb 1990 in Tel Aviv.

Berl besuchte die polnische Grund- und Sekundarschule.

Nowogródek war Bezirkshauptstadt und, in meinen Augen, ganz und gar jüdisch. Am Sabbat war alles ruhig, es kamen keine Bauern in die Stadt und fast alle Juden waren in der Synagoge. Wir waren Traditionalisten – Mitnagdim, nicht Chassidim – und, wenn ich zurückdenke, eine nicht besonders religiöse Gemeinde.

Die 6.000 bis 6.500 jüdischen Einwohner machten etwa die Hälfte der Gesamtbevölkerung der Stadt aus. Der Rest waren Weißrussen, Polen und eine kleine Gemeinde von Tataren. Zwischen den Juden und der armen einheimischen Bevölkerung gab es wirklich keine Probleme. Ab 1935 jedoch, nach dem Tod Marschall Piłsudskis, begann sich die Lage zu ändern. Polen aus dem Westen des Landes begannen, sich in der Stadt anzusiedeln. Sie kamen mit starken antisemitischen Gefühlen. Die ›Endeks‹ [Nationale Demokraten] riefen ihre Losungen: »Juden nach Palästina!«, »Kauft nicht bei Juden!«

Die Juden wohnten im Stadtzentrum und die meisten Geschäfte gehörten ihnen. Sie machten die Mehrheit der Fachleute aus. Das Leben der jüdischen Gemeinde war durch die Synagogen und die Verbände gut organisiert. Jeder Berufsstand hatte seine eigene Synagoge, und jeder Geschäftsmann musste für wohltätige Zwecke spenden. Die Schwerpunkte waren Hilfe für die Armen und die Förderung von Gelehrsamkeit. Bei den Juden gab es viele politische Parteien: Zionisten, Revisionisten, Kommunisten, Bundisten. Es gab religiöse und antireligiöse Parteien, aber es gab keine jüdischen Verbrecher und keine jüdischen Analphabeten.

Es gab alle möglichen jüdischen Organisationen: Krankenhäuser, Chedern, hebräische Schulen wie die Tarbut, religiöse Schulen wie die Toschia, Waisenhäuser und ORT-Berufsschulen.

Es gab ein jüdisches Theater, eine Bibliothek, eine Bank, die zinslose Darlehen vergab, jüdische Zeitungen, alle möglichen Verbände für jedes Handwerk und jede Synagoge. Darüber hinaus gab es noch den *Makkabi*-Sportverein, die berühmte Beit-Josef-Jeschiwa des Rabbi Josel und ein Bestattungsinstitut.

All das hat sich am 17. September 1939 verändert. Am ersten Tag des September war der Krieg ausgebrochen. Die Wahrscheinlichkeit einer deutschen Besatzung machte uns große Sorgen, aber am Nachmittag des 17. hörten wir das Dröhnen sowjetischer Panzer aus Richtung der Karelitzer Straße. Manche Juden weinten vor Freude. Mit Blumen in den Händen liefen sie den Panzern entgegen, stellten sich ihnen in den Weg und warteten darauf, die Soldaten der Roten Armee küssen zu können. Die armen Bauern sammelten sich am Marktplatz, wo ein großgewachsener Mann in einem neuen, langen Mantel, der in Richtung Mickiewiczstraße lief, ihre Aufmerksamkeit erregte. Es reichte, dass nur einer rief: »Das ist der Richter, der uns jahrelang in grausame Gefängnisse steckte«, damit Hunderte zu ihm rannten und mit Schlägen eindeckten. Den armen Mann retteten Rotarmisten, die den Krawall sahen. Auf die Frage, wer er sei, gab er an, er sei Rafoel, der arme Schuster, er zog nur seinen Sabbatmantel an, um die Rote Armee zu begrüßen.

Wir waren froh, denn die Alternative zur Roten Armee wäre Besatzung durch die Deutschen gewesen. Während der ersten Nacht eröffneten ein paar Polen Feuer auf die russischen Truppen, es wurde die ganze Nacht geschossen. Mein Onkel war auf Wache bei der Feuerwehrbrigade. Er wurde festgenommen, aber bald wieder freigelassen. Es wurde eine Miliz gegründet. Die meisten ihrer Mitglieder waren Juden, die zuvor in der verbotenen Kommunistischen Partei gewesen waren.

Unser Leben änderte sich. Wir mussten unser Geschäft schließen, weil privates Unternehmertum verboten wurde. Uns wurde noch erlaubt, alles zu verkaufen, aber wir konnten nichts beiseitelegen. Die russischen Soldaten kauften alles auf: Wir wurden Ware los, die seit dem Ersten Weltkrieg auf dem Dachboden lagerte. Wir mussten unsere Geschäfte und unsere Werkstätten schließen, und wir durften nicht mehr in die Synagoge. Wir durften auch nicht mehr in die Tarbutschule, weil Hebräisch verboten worden war.

Alles Jüdische, was mit Religion oder Palästina zu tun hatte, wurde unterbunden. Jede jüdische Einrichtung musste sich wandeln, wie das jüdische Krankenhaus oder das Theater. Die berühmte Jeschiwa musste nach Wilna umziehen, da Wilna Litauen angegliedert wurde. (Die meisten Studenten der Jeschiwa wurden gerettet, weil sie von dort nach Japan gingen.) Viele jüdische Flüchtlinge strömten aus dem deutsch besetzten Westteil Polens in unsere Gegend; später beantragten viele von ihnen, wieder dorthin zurückkehren zu dürfen.

Es wurde ein anderes Leben. Die reichen Leute wurden nachts verhaftet und zusammen mit den Gemeindevorstehern nach Sibirien geschickt. Am besten hatten es die Spitzel. Wenn man bestimmte Leute nicht mochte, konnte man sie einfach denunzieren. Sie wurden dann verhaftet und mussten mehrere Jahre damit verbringen, auf ihre Anhörung zu warten.

Mein Vater und Onkel arbeiteten als Sattler in einer Genossenschaft. Was mich betrifft, ich ging fortan zur jiddischen Schule. Wir lernten auch Russisch und Weißrussisch. Ich war sehr verärgert darüber, dass ich nicht zu den Pionieren durfte mit der Begründung, ich gehöre einer »kapitalistischen Klasse« an. Die Behörden vermaßen unser Haus und entschieden, dass es für unsere beiden Familien zu groß sei, sodass wir Untermieter aufnehmen mussten. Angehörige des sowjetischen

Geheimdienstes NKWD durchsuchten unser Haus nach Leder oder irgendwelchen unverkauften Waren, die wir versteckt haben könnten. Am 7. April 1941 hatte ich eine sehr schöne Feier anlässlich meines 12. Geburtstages, an die ich mich noch viele Jahre lang erinnern sollte, weil es das letzte Mal war, dass wir als Familie zusammen feierten.

Zurückblickend denke ich, dass die Russen, indem sie die Synagogen und alle jüdischen Einrichtungen schlossen und das Hebräische verboten, unsere reiche jüdische Kultur zerstören wollten. Die Vorsteher wurden nach Sibirien geschickt. Langfristig wären wir Russen geworden, das Wort ›Jude‹ wäre bloß ein Stempel in unserem Ausweis gewesen.

Die Verhaftungen normaler Leute dauerten bis zum Tag des russischen Rückzugs an. Der Krieg zwischen Deutschland und Russland brach am 22. Juni 1941 aus. Bereits am nächsten Tag war die gesamte russische Armee auf dem Rückzug. Alle, die einen Ausweis der Kommunistischen Partei besaßen, durften mit in Richtung Osten. An der alten Grenze (zwischen Polen und der Sowjetunion bis 1939) wurden die Papiere kontrolliert und viele Menschen zurückgeschickt. (Mein Cousin Leiser Sanderowski aus Zdzięcioł war zu dem Zeitpunkt im Urlaub in der Nähe von Minsk, so dass er sich mit der Roten Armee zurückziehen konnte. Er überlebte den Krieg in Samarkand.)

Wir wussten, dass wir unter den Deutschen leiden würden. Wir waren auf Arbeitslager und Gefängnisse gefasst, hätten uns aber nicht vorstellen können, dass sie versuchen würden, uns alle zu ermorden. Ich kann mich an die Diskussion zwischen meinem Vater und meinem Onkel erinnern. »Weglaufen hat keinen Zweck! Wir sind Arbeit gewohnt, sie werden uns nicht umbringen!« Einige Flüchtlinge wollten sogar in ihre Heimat zurückkehren, die nun unter deutscher Besatzung war. Wegen des Hitler-Stalin-Pakts sendeten die Russen damals nichts Negatives über Deutschland. Darüber, was den Juden im besetzten Polen widerfuhr, wussten wir nichts.

Also blieben wir, wo wir waren. Am 24. Juni wurde unsere Stadt bombardiert. Vier Tage später, am 28., flogen Flugzeuge über unsere Häuser hinweg und warfen Brandbomben ab. Ein Großteil der Stadt brannte nieder. Das ganze Stadtzentrum, einschließlich der Racewlastraße, in der wir wohnten, war zerstört: Nicht ein einziges Haus blieb übrig. Viele Menschen verloren ihr Leben.

Wir, die Familie Kagan, verloren alles. Ich hatte nur noch eine kurze Hose und ein Hemd. Ich ging mehrere Male zu Fuß in das 21 Kilometer entfernte Korelicze, wo meine Großmutter wohnte. Um meine Schuhe nicht abzutragen, lief ich barfuß. Anfangs war es schwer, aber ich gewöhnte mich daran. Auf dem Rückweg brachte ich Sachen mit, die wir brauchten, wie zum Beispiel Bettwäsche. Wir fanden ein leerstehendes Haus und bezogen es zusammen mit etwa acht weiteren Familien. Da es im ersten Stock an Platz mangelte, gab uns unser Freund Zamkowy ein kleines Zimmer, wo meine Mutter, Schwester und ich schlafen mussten. (Zamkowys Sohn Michael überlebte den Krieg in der *Ordschonikidse*-Abteilung. Danach arbeitete er beim Finanzamt in Lida. Eines Morgens, unterwegs zur Arbeit, wurde er von polnischen Mördern umgebracht.)

Die Deutschen drangen am 4. Juli 1941 nach Nowogródek ein und begannen sofort damit, antijüdische Maßnahmen durchzusetzen. Gelbe Sterne mussten vorne und hinten getragen werden, Juden durften nicht auf dem Gehweg gehen, alle zwischen 12 und 60 mussten sich zur Arbeit melden. Juden verloren ihre staatsbürgerlichen Rechte, was bedeute, dass man sich nicht an die Behörden wenden konnte, wenn man ausgeraubt wurde, und das kam des Öfteren vor. Viele Polen wurden zu ›Volksdeutschen‹. Sie begannen an der jüdischen Bevölkerung dafür Rache zu nehmen, dass sie die Rote Armee begrüßt hatte. Wie an anderen Orten wurde auch bei uns ein Judenrat gebildet, dessen Mitglieder führende Persönlichkeiten der Gemeinde waren, aber sie wurden sofort verhaftet und verschwanden.

Sie haben einen jungen Mann namens Abram Iwenecki verhaftet, allein aus dem Grund, dass er eine polnische Freundin hatte. Drei Jahre lang haben sie ihn im Gefängnis als Spitzel benutzt. Jedes Mal, wenn ein Jude ins Gefängnis gebracht wurde, steckte man ihn in Iweneckis Zelle. Diese Masche flog jedoch auf, und die verhafteten Juden achteten darauf, nichts preiszugeben. Die Deutschen brachten ihn wenige Tage vor ihrem Rückzug um.

Mein Vater und Onkel arbeiteten als Sattler. Die Bauern bezahlten für die Reparaturen an ihren Sätteln mit Brot. Essen war also kein Problem. Ich erinnere mich, dass meine Tante Schoschke und meine Mutter montags und donnerstags fasteten. Meine Mutter, Tante und andere, auch ich, beseitigten Trümmer in den zerbombten Straßen und bargen

Ziegelsteine, wann immer es möglich war. Dafür bekamen wir Lebensmittelmarken für 300 Gramm Brot und Kartoffeln.

Am Samstag, dem 26. Juli 1941, trieb die lokale Polizei jüdische Männer zusammen und brachte sie zum Marktplatz, wo ich eine Gruppe SS-Männer bereits warten sah. Ich lief in die Racewlastraße und versteckte mich hinter der Ruine eines ausgebrannten Hauses. Ich hörte Schüsse und eine Kapelle Musik spielen. Ich wartete eine ganze Weile und als ich nach Hause kam, hörte ich die furchtbare Nachricht, dass die SS 52 jüdische Männer selektiert und erschossen hatte. Jüdische Frauen wurden gezwungen, das Blut vom Kopfsteinpflaster zu wischen. Die Leichen wurden auf Karren geladen und zum alten Friedhof gebracht. (Damals erwähnte niemand die Musik, so dass ich sie für meine Einbildung hielt. Vor kurzem erhielt ich jedoch ein Dokument aus dem Vatikan, dass die Deutschen im Juli 1941 50 Juden umbracht hatten und eine Militärkapelle die ganze Zeit hindurch Musik – Walzer von Strauß – gespielt hatte.)

Danach wurden immer wieder Juden auf der Straße festgenommen mit der Begründung, sie würden zur Arbeit geschickt. Später erfuhren wir jedoch, dass sie unweit der Stadt gruppenweise erschossen wurden. Es erging ein Befehl, dass die Juden ihren gesamten Goldbesitz zur deutschen Kommandantur bringen mussten. Wenn verstecktes Gold gefunden wurde, bedeutete das die Todesstrafe. Am Freitag, dem 5. Dezember 1941, trafen SS und litauische Polizeieinheiten im Ort ein und es wurde plakatiert, dass ab 18 Uhr kein Jude die Stadt verlassen durfte und sich am nächsten Morgen alle Juden beim Gerichtsgebäude einfinden mussten. Sie durften nur so viel mitbringen, wie sie tragen konnten. Viele versuchten zu fliehen; wir schätzen, dass in jener Nacht etwa 300 durch die Wehrmacht umgebracht wurden, einschließlich meines Freundes Feiwel Feiwelewitsch und seiner Mutter. Soldaten bewachten jeden noch so kleinen Weg und schossen auf alles, was sich bewegte.

Der Samstag war ein bitterkalter Tag, minus 20 Grad. Das Gerichtsgebäude lag einen Kilometer von der Stadt entfernt. Die 6.500 Juden versammelten sich im Hof. Den ganzen Tag hindurch warteten wir in der Kälte. Spät nachmittags öffneten sie die Türen zu den vier Häusern (eines der Gebäude hatte vier Stockwerke, ein anderes zwei, die beiden anderen waren Hütten). Es gab gerade noch Platz genug zum Stehen.

In jener Nacht gab es keinen Schlaf. Wir blieben noch den Samstag und den Sonntag eingesperrt.

Am Sonntag traf die Wehrmacht ein, manche Soldaten zu Pferd, und nahmen etwa 100 Männer mit, die im Vorort Peresieka einen Zaun um 28 Häuser herum ziehen mussten, um ein Ghetto einzurichten. Sie brachten sie zum Marktplatz auf der Korelickastraße (heute Minskaja) und befahlen ihnen, den Zaun in große Stücke zu teilen und nach Peresieka zu tragen. Das Holz war nass und schwer, ihr Weg führte sie um die Vororte der Stadt herum, sie mussten durch tiefen Schnee gehen, und schon bald gab es die ersten Todesopfer – wer die Last nicht heben oder tragen konnte, wurde erschossen.

Wie viele Männer die Wehrmacht an jenem Tag erschoss, war nicht bekannt. In der Urteilsbegründung gegen den damals verantwortlichen Oberleutnant Johann Artmann wurde 1966 jedenfalls festgehalten, dass er 70 Männer mitnahm, denn nur so viele kamen vom Einsatz zurück. Der Rest wurde in Brecianka begraben.

Am frühen Montagmorgen, am 8. Dezember 1941, kamen Lastwagen mit SS- und lokalen Polizeimannschaften an. Der Chef der SS (sein Name ist mir unbekannt) kam herein und wir mussten uns familienweise in einer Reihe aufstellen. Das Familienoberhaupt musste an den SS-Mann herantreten, dann wurden zwei Fragen gestellt: »Beruf?« und »Wie viele Kinder?« Es gab keine weiteren Fragen. Der SS-Mann winkte lediglich mit dem Handschuh, rechts oder links: Leben oder Tod. Mein Onkel und seine Familie waren zuerst dran. »Beruf?«, »Sattler«, »Wie viele Kinder?«, »Zwei Kinder«. Wink des SS-Mannes nach links. Mein Vater war als nächster dran: Sattler, zwei Kinder, Wink nach rechts.

Als mein Onkel und seine Familie zum Hof gingen, brüllte ein deutscher Offizier, dass er einen Automechaniker braucht. Mein Cousin Berl meldete sich und das rettete ihm das Leben. 5.100 wurden nach links selektiert, ins Dorf Skrzydlewo gebracht, beim Betreten des Waldes zusammengeschlagen und in Gruppen von 50 gezwungen, sich mit dem Gesicht nach unten auf den Boden zu legen. Jeder, der nur seinen Kopf hob, wurde heftig geschlagen; danach mussten sie, wiederum in Gruppen von je 50, ihre Wertsachen abgeben, sich in der bitteren Kälte ausziehen und von diesen furchtbaren Leuten zu den Gruben treiben lassen, wo sie von der Einsatzgruppe erschossen wurden. An diesem Tag verloren wir unseren Onkel Mosche, Tante Schoschke, den kleinen Leiser und einen Cousin, Berele Kapuschewski aus Korelicze, der zu Besuch bei uns war. Es war ein furchtbarer Schlag für uns alle.

Erst viel später fand ich heraus, dass der für die Wehrmachtseinheit Verantwortliche Johann Artmann hieß. Er wurde des Massenmordes angeklagt und 1965 in Traunstein vor Gericht gestellt, jedoch freigesprochen. Der Tod so vieler Juden zählte nicht.

Und nur für den Fall, dass kein Jude überleben würde, legte Rabbi Rogatinski zusammen mit zwei Anderen Zeugnis ab und übergab das Dokument Herrn Rosnow, einem Nichtjuden, damit er es aufbewahrt und nach dem Krieg den Behörden übergibt. 1942 wusste der Rabbi, dass das Ziel der Nazis die Vernichtung aller Juden war.

Wir, die übrigen 1.500, wurden nach Peresieka gebracht, wo das Ghetto eingerichtet wurde. Es war klein. Es wurden Pritschen gebaut: Pro Person waren 60 Zentimeter Raum erlaubt; wenn man sich umdrehte, weckte man die anderen neun in der Reihe.

Es war ein offenes Ghetto. Das bedeutete, dass es innerhalb des Ghettos keine Arbeit gab und wir außerhalb arbeiten mussten. Es gab zwei Hauptarbeitsplätze, einer davon in den Werkstätten, die für ausgebildete Fachleute in einem der Gerichtsgebäude errichtet wurden. Dort gab es Schumacher, Schneider, Kürschner, Sattler, Tischler und viele andere. Um die 450 Männer und Frauen arbeiteten dort. Der andere Ort war in den russischen Baracken, wo etwa 250 Menschen, vor allem Männer, arbeiteten. Alle anderen arbeiteten in der Stadt.

Mein Vater arbeitete als Sattler, während meine Mutter Fellhandschuhe für die deutsche Armee nähte. Ich arbeitete in den Baracken in Skrzydlewo. Die Arbeit war schwer. Am Anfang arbeitete ich mit Tischlern aus der nahegelegenen Stadt Zdzięcioł zusammen. Der Tag begann früh. Ich musste vier Kilometer zur Arbeit laufen. Ich war kaum 13 Jahre alt und fand das Gehen hart. Ich glaube, dass ich der jüngste Arbeiter in den Baracken war und wurde nach einer kurzen Zeit zu einer besseren Arbeit eingeteilt: Steine karren. Auch diese Arbeit war hart und ich wurde oft geschlagen. Eine mit Steinen voll beladene Karre ist sehr schwer, und es war schwierig, die richtige Technik zu finden, um sie anzuheben und dann einen schmalen Holzbrettpfad entlang zu balancieren.

Selbst an den heißesten Tagen trug ich eine gefütterte Jacke: Sie gab mir etwas Schutz für den Fall, dass ich geschlagen würde. Da gab es einen Nazi, wir nannten ihn »Hazza« (nach einem Hund, den wir vor dem Krieg kannten), und wenn er da war, hatten wir alle Angst. Es wurde dann dreimal so viel gearbeitet wie sonst. Man belud die Karre mit mehr Steinen, als man heben konnte, und wenn man von seiner Peitsche einen Schlag abbekommen hatte, fiel man hin und hielt die Reihe auf. Am Ende seiner Peitsche war eine Bleikugel befestigt. Das war sein großes Vergnügen: auf seinem Pferd auf und ab reiten und auf die Leute einzuschlagen.

Wir bekamen täglich 200 Gramm schweres schwarzes Brot und etwas Suppe und eine Extraportion Suppe für die Arbeit in den Baracken.

Der Gebietskommissar von Nowogródek war auch für die Juden aus Korelicze, Lubcz, Delatycze, Iwieniec, Derewna, Wsielub und anderen kleinen Orten zuständig.

Anfang Mai traf die SS die Entscheidung, die Juden aus den Kleinstädten rund um Nowogródek zu liquidieren. Daraufhin wurden die Juden aus Korelicze in das Ghetto in Nowogródek verlegt und die Deutschen widmeten ihr Augenmerk auf andere kleine jüdische Gemeinden. Die SS, zusammen mit litauischer und weißrussischer Polizei, bestieg vier Lastwagen und sammelte alle Juden ein, die noch in Rubieżewicze und Iwieniec lebten. Die SS-Männer befahlen den Juden, ihr Gold und ihre Wertgegenstände zu übergeben, verprügelten sie anschließend und ließen sie außerhalb von Rubieżewicze marschieren, wo sie alle umgebracht wurden. Als sie mit ihrer Arbeit fertig waren, tranken sie und machten sich auf den Weg nach Lubcz, um die Reste der dortigen jüdischen Gemeinde zu ermorden. Der einzige Weg nach Lubcz führte durch das Dorf Naliboki.

Als der Kommandeur der Partisanenabteilung *Stalin* davon erfuhr, beschloss er, den vier LKW auf ihrem Weg aus Naliboki heraus einen Hinterhalt zu legen. Sie lauerten am Waldrand. Am späten Nachmittag hörten sie das Geräusch der Motoren und als alle vier Lastwagen in Schussweite waren, eröffneten sie das Feuer. Sie töteten und verwundeten etliche.

Die Wagen hielten an und die Überlebenden stiegen mit erhobenen Händen aus. Sie stürzten sich auf den Boden und flehten um ihr Leben, schließlich hätten sie nur den Befehl ausgeführt, die Juden in den kleinen Ortschaften zu töten.

Die Partisanen fanden auf einem LKW drei jüdische Mädchen, die die Deutschen mitgenommen hatten. Der Partisanenführer fragte die Mädchen, ob sie sich ihnen anschließen wollen, und das taten sie. Sie durchsuchten die Lastwagen und fanden das Gold und die anderen Wertgegendstände. Sie nahmen sich die Munition, befahlen den Deutschen und den weißrussischen Polizisten, sich auszuziehen und brachten sie dann um, brannten die Lastwagen nieder und zogen sich in den Wald zurück.

Der Gebietskommissar beschloss, die Juden aus den umliegenden Kleinstädten und Dörfern nach Nowogródek zu bringen. Anfang Mai kamen die ersten Familien im Ghetto an – aus Korelicze 530 Personen, aus Lubcz 1.500, aus Wsielub 1.500, aus Derewna 280, aus Iwieniec 1.200 und noch viele weitere aus anderen Orten. Unter ihnen waren mein Onkel Josef Gurewitz, meine Tante Breine Feigel und ihre Kinder Nachama und Hassia, meine andere Tante Malke Kapuschewski, ihr Sohn Nochim (ihr Mann, Chaim, war Zwangsarbeiter beim Bau eines Flugplatzes in Dworzec und kam dort um, während ihr Sohn, Berele, bei der Massenerschießung am 8. Dezember 1941 ermordet wurde) sowie meine alte Großmutter Hannah Gittel. Wir zogen auf den Dachboden um, um für unsere Familie aus Korelicze Platz zu machen. Insgesamt hielten sich nun etwa 6.500 Menschen im Ghetto auf. Jeder Quadratzentimeter Raum wurde benutzt.

Es ist schwer, das Elend dieser Zeit zu beschreiben. Die Menschen liefen ziellos umher, genau wissend, dass sie zum Tode verurteilt waren, aber ohne den Zeitpunkt ihrer Hinrichtung zu kennen. Und dennoch gab es keinen Ausweg.

Einmal, es war Anfang Juli, traten wir wie gewöhnlich zur Arbeit an. In der Mittagspause setzte ich mich wie immer vom Arbeitsplatz ab, um nach Zigarettenstummeln und Brotresten zu suchen, die die Deutschen weggeworfen hatten (ob sie es für uns taten oder für die Vögel, werde ich nie erfahren, für mich war es aber eine große Sache). Mein Onkel Josef Gurevitz war Raucher und ich sein Zigarettenlieferant. Plötzlich, wie aus dem Nichts, schrie mich ein deutscher Soldat an: »Raus, raus du verfluchter Jude!« Ich spürte den heftigen Schlag seines Gewehrkolbens, und er schubste mich mitten auf den Platz vor den Baracken, zusammen mit etwa 50 anderen. Die Truppen, die unsere Gruppe umstellten, waren alle von der SS. Sie schrien, sie beleidigten uns, und wir mussten uns in einer Reihe aufstellen. Ich war in der Mitte. Wenige Minuten später wurde ein Maschinengewehr aufgestellt und ich dachte, dass sie uns erschießen würden. Meine Beine waren wie Wackelpudding. Ich zog meinen Kragen hoch und drehte mich vom Maschinengewehr weg, aber ein weißer Handschuh verpasste mir sofort eine Ohrfeige, sodass ich mich wieder umdrehen musste. Sie ließen uns eine ganze Weile dort stehen. Schließlich traf Reuter ein. Reuter war ein hochrangiger SS-Offizier, der mit den jüdischen Angelegenheiten der ganzen Gegend um Nowogródek betraut war. Ohne ein Wort zu sagen, ließ er uns frei und zur Arbeit zurückkehren.

Vor der deutschen Besatzung wohnte ein jüdischer Bauer neben den Baracken. Er überließ seinen Hof einem nichtjüdischen ›Freund‹. Jetzt arbeiteten seine beiden Söhne in den Baracken und schlüpften immer wieder in der Mittagspause unter dem Stacheldraht hindurch, und der ›Freund‹ steckte ihnen etwas zum Essen zu. An diesem Tag jedoch informierte der ›Freund‹ die Deutschen, dass ihn Juden besuchen würden, und zwei deutsche Soldaten warteten auf sie im Haus. Als die Brüder die Deutschen bemerkten, schlugen sie zu und erbeuteten ein Gewehr, bevor sie wegrannten. Und der einzige Grund, warum uns die Deutschen nicht erschossen, war, dass wir zeitlich sehr nah vor der zweiten ›Aktion‹ waren und sie keine Panik verursachen wollten.

Das war mein letzter Arbeitstag in den Baracken. Am nächsten Tag ging ich mit meinem Vater in die Werkstatt, um die Sattlerei zu erlernen. Mein Vater war mit dem Vorarbeiter befreundet, und der erteilte seine Erlaubnis. Am ersten Arbeitstag ging ich in ein großes leerstehendes Gebäude um zu schauen, ob ich etwa Nützliches finden würde, und in der Tat fand ich etwas sehr Wertvolles – einen Feuerwehrschlauch. Es hat eine Woche gedauert, bis ich es in Stücke geschnitten und die Drähte rausgezogen hatte, um die Teile im Ghetto als Material für Gummisohlen zu verkaufen. Außerdem fand ich ein paar Planskizzen der Stadtverwaltung, und als sie einmal aus Versehen nass wurden, sah ich, dass es unter dem Papier Leinen gab. Das Leinen hatte eine niedrige Qualität, war aber dennoch verkäufliche Ware.

Wir wussten alle, dass bald eine ›Aktion‹ stattfinden würde, und die Flucht wäre leicht gewesen. Aber wo geht man hin, wenn man nirgendwo willkommen ist? Der Winter ist rauh, die Temperaturen können bis minus 25 Grad fallen, und das ist kalt.

Am 7. August 1942 traten wir wie immer zur Arbeit an. Wir wurden auf der Stelle von Polizei und SS umzingelt. Wir waren etwa 500 Männer und Frauen. Sie bewachten die Haupteingänge, aber eine Seite ließen sie unbewacht. Gleichzeitig umstellten sie das Ghetto und die Baracken, dennoch gelang es vielen Kindern, deren Eltern in den Werkstätten waren, sich irgendwie zu uns hindurchzuschmuggeln. Unter ihnen war meine Schwester. Die Deutschen verschleppten alle aus dem Ghetto zu bereits ausgehobenen Gruben ins zwei Kilometer entfernte Dorf Litowka. Sie ermordeten alle aus dem Ghetto: alle meine Verwandten aus Korelicze, einschließlich meiner alten Großmutter. Zu diesem Zeitpunkt arbeiteten 750 Juden in den Baracken. Unter ihnen wählten die Deutschen 500 Männer und Frauen aus. Die übrigen wurden ebenfalls zum Erschießen nach Litowka gebracht.

An jenem Tag wurden 5.500 Männer, Frauen und Kinder in Litowka ermordet. Mein Cousin Srolik Sucharski versuchte zu fliehen und wurde am Tor bei den Baracken erschossen. Die 500, die am Leben blieben, waren drei Tage und Nächte ohne Essen, Trinken und Toiletten eingesperrt. Am selben Abend mussten sich alle in den Werkstätten in der Reihe aufstellen und inspizieren lassen. Ich stand neben meinem Vater und trug seine Jacke und seine lange Hose, um älter auszusehen. Der Nazichef ging vorbei und sagte nichts, aber alle Kinder, die man auf dem Dachboden oder im Keller fand, wurden aus dem Fenster geworfen, auf LKW nach Litowka gebracht und dort ermordet. Von diesem Tag an lebten im Ghetto in Peresieka 500 Juden und weitere 500 Handwerker im Gerichtsgebäude. Aus unserer Familie hatten bis dahin meine Mutter, mein Vater, meine Schwester, mein Cousin Berl und ich überlebt, und aus der Familie Sucharski waren noch Notke, Haike und Scheindel am Leben. Wir waren mehrere Tage ohne Essen und Trinken eingesperrt. Dann fuhr ein Lieferwagen vor und warf uns Brot zu. Die Deutschen ergötzten sich daran, wie wir um das Brot kämpften. Danach erklärte uns Lagerkommandant Reuter, dass wir Glück gehabt hätten und am Leben bleiben würden, weil das Reich uns brauche, aber dass wir hart arbeiten müssten. Jedem wurde eine Nummer zugeteilt. Wir mussten diese am Rücken annähen. Meine war die 334. Jetzt war es kein Ghetto mehr, sondern ein Arbeitslager. Die Tischler (aus Zdzięcioł) überführten die Deustchen aus den Baracken zu uns. Bevor sie allerdings den Zaun um das Lager hätten fertigstellen können, waren die meisten bereits geflohen, um sich den Partisanen anzuschließen.

Wir waren von zwei Stacheldrahtverhauen und einem Holzzaun umgeben. Es wurden Wachtürme mit Scheinwerfern und Maschinengewehren aufgestellt. Wegen des Holzzauns konnten wir die Wachen nicht sehen, sodass wir nie wussten, wie viele es von ihnen gab. Das Lager hatte keine Wasserleitung. Jeden Tag mussten einige Arbeiter raus, um Trinkwasser zu holen. Das war unser einziger Kontakt zur Außenwelt. Die weißrussischen Wachen (wir nannten sie »schwarze Krähen«) bestachen wir mit Geld, um Pistolen, Munition und Essen zu besorgen, und, von Zeit zu Zeit, um jemanden verschwinden zu lassen.

FLUCHT UND LEBEN BEI DEN PARTISANEN

Nach dem zweiten Massaker begannen vor allem junge Männer zu fliehen. Zuerst gab es viel Geflüster, dann verschwanden sie in der Nacht. Nachdem Kontakt zu den Bielski-Partisanen in den Wäldern hergestellt worden war, bereitete sich die Ghettojugend auf die Flucht vor. Die Bielski-Brüder gaben mir Hoffnung, einen Ort, wohin ich fliehen konnte. Ich bewundere die Menschen in unserem Ghetto. Sie hatten keine Angst davor, die jungen Leute fliehen zu lassen, obwohl Reuter Massenerschießungen angedroht hatte für den Fall, dass Juden aus dem Lager fliehen würden.

Ich kannte den jüngsten der Brüder, Archik Bielski, sehr gut. Wir gingen zur selben Schule, waren in derselben Klasse und in bestimmten Fächern saßen wir in derselben Bank. Die Familie Bielski bestand aus Vater David, Mutter Beila sowie neun Brüdern und zwei Schwestern. Sie wohnten in einem Dorf namens Stankiewicze und waren unter den zehn Familien dort die einzige jüdische. Ihre Einkommensquellen waren die Wassermühle und ein paar Hektar Land.

Das Leben war hart in Stankiewicze. Als Fremder musste man sich ständig verteidigen, hartnäckig und furchtlos sein. Die Bielski-Brüder waren alle starke Burschen, groß und breitschultrig. Man musste es sich gut überlegen, wenn man sich mit ihnen anlegen wollte.

Tuvia Bielski wurde 1906 geboren. Im Alter von 21 zog ihn die polnische Armee ein. 1928, nach nur sechs Monaten im Dienst, wurde er selbst Ausbilder.

Tuvia war sehr schlau, sehr raffiniert und kannte die Einheimischen extrem gut. Er war ein hervorragender Menschenkenner, wusste, wem er vertrauen konnte, blieb immer ruhig – wie ein geborener Partisanenführer eben. Die größte Herausforderung für seine Qualitäten sollte im Juli 1943 kommen, als die Deutschen das gegen die Partisanen gerichtete *Unternehmen Hermann* begannen.

Tuvia ist am 12. Juni 1987 in New York gestorben. Seine sterblichen Überreste wurden nach Jerusalem gebracht, wo er in einem für herausragende Soldaten angelegten Bereich des Har-HaMenuchot-Friedhofs mit militärischen Ehren beerdigt wurde.

Asael wurde 1908 geboren. Er war ein sehr fröhlicher Mensch, der immer lächelte und selbst in den schlimmsten Situationen Ruhe bewahrte. Mit seinem Gehabe wirkte er wie ein Bauer aus der Umgebung, aber er stellte sich später als hervorragender Aufklärer heraus. Er fiel gegen Ende des Krieges als Soldat der Roten Armee in der Nähe von Königsberg.

Der 1912 geborene Zus heiratete noch vor dem Krieg und lebte in Nowogródek, wo seine Frau und sein Baby beim ersten Massaker ermordet wurden. Zus diente in der Roten Armee, war sehr stark, sehr groß und sehr tapfer. Die Bauern hatten Angst vor ihm. Er kannte die Region und ihre Bauern sehr gut. Er starb am 18. August 1995 in New York.

Der jüngste Bruder, Archik, wurde 1928 geboren. Auch er kannte die Gegend sehr gut und gab wertvolle Ratschläge. Heute lebt er in New York.

Statt sich dem deutschen Terror zu unterwerfen, versteckten sich die vier Brüder im Wald. Ihre Eltern, zwei Brüder und ihre Schwester fielen in Nowogródek der Massenerschießung vom 8. Dezember 1941 zum Opfer.

Im Frühjahr 1942 schlossen sich die Familien Dzienciolski und Boldo den Bielskis an, nun hatte die Gruppe 20 Mitglieder. Im Sommer trafen mit Hilfe von Konstantin Koslowski die ersten zehn Juden aus dem Ghetto Nowogródek ein. (Koslowski starb nach dem Krieg; an seiner Stelle nahm sein Sohn Wladimir die Auszeichnung *Gerechter unter den Völkern* von der Gedenkstätte Yad Vashem entgegen, die höchste Ehre, die das jüdische Volk zu vergeben hat.) Die Bielski-Gruppe organisierte sich offiziell als Partisaneneinheit und gab sich den Namen *Otrjad* (Abteilung) *Shukow*.

Und nachdem im Ghetto bekannt worden war, dass es endlich einen Ort gab, wohin man fliehen konnte, nahmen Leute die Gelegenheit wahr und flohen. Für mich gehören die Bielskis zu den größten jüdischen Helden überhaupt. Und es ist schade, dass nicht viele sie kennen.

Bis Ende Oktober wuchs die Stärke der Gruppe auf mehr als 300 an. Im November verließ Ischie Oppenheim vorübergehend den Wald, um ins Ghetto zu gehen und die Flucht junger Leute zu organisieren. Mein Cousin Berl Kagan war einer von ihnen. Ich musste Wache stehen, und sie schafften es, heil aus dem Ghetto rauszukommen. Ich schaute den älteren Jungen zu und beneidete sie: Sie waren unterwegs in eine Welt von Freiheit, Krieg und Rache.

Immer wieder verschwand jemand beim Gang zur Latrine, unter dem Stacheldraht hindurch oder aus der Gruppe der Wasserträger und ging entweder zu den Partisanen oder auf die Suche nach freundlich gesinnten Bauern, um Unterschlupf zu finden. Nur sehr wenige Bauern wollten ihr Leben und das ihrer Familien riskieren, um Juden zu retten. Wenn man auch nur Kontakt zu Juden hatte, drohte einem bereits die Todesstrafe. Es gab aber dennoch einige gute Bauern, die ihr Leben aufs Spiel setzten und Kinder oder ganze Familien versteckten.

Bella Dzienciolska war ein solches Kind, das den Krieg im Versteck überlebte. Ihre Eltern hatten das Mädchen einem Bauern anvertraut. Es war blond und sah nicht jüdisch aus, aber im Alter von zwei Jahren sprach es bereits Jiddisch. Der Bauer grub also ein Loch unter dem Fußboden und versteckte es tagsüber ein Jahr lang, bis es sein Jiddisch vergaß. Danach holte er das Mädchen heraus und erzählte den Nachbarn, dass es ein Kind von Verwandten war, das jetzt bei ihnen wohnte.

Die Bielski-Familie wurde berühmt, und wir wussten, dass sie in der Nähe von Lida operierten. Uns wurden auch die Namen Koslowski und Bobrowski (die Hundefänger) bekannt. Es hieß, dass wenn man flüchten wollte, aus Nowogródek 14 Kilometer in Richtung Lida zum Hof des Koslowskis laufen sollte. Er würde dann den Weg zu den Partisanen weisen und natürlich wussten alle, wo die Hundefänger wohnten. Auch sie hatten Kontakt zu den Partisanen. Manchmal schmuggelten sich Partisanen selbst ins Lager, um ihre Eltern, Frauen oder Freundinnen zu retten, und meist verliefen diese Fluchtversuche erfolgreich.

Auch ich fing damit an, Vorbereitungen für eine Flucht zu treffen. Es war immer noch relativ einfach, rauszukommen. Die Gefahr bestand darin, dass man im Winter erfrieren konnte. Darüber hinaus gab es noch das Problem der Ernährung, sowie die Tatsache, dass die Außenwelt unfreundlich war; viele waren bereit, einen an die Deutschen zu verraten, gegen Geld oder einfach nur so.

Ich freundete mich mit dem Lagerarbeiter an, der für die Filzstiefel zuständig war. Er hatte einen Sohn in meinem Alter verloren und wollte daher zusehen, dass ich erfolgreich fliehe. Er riskierte sein eigenes Leben und gab mir ein Paar wunderschöne, harte Filzstiefel. Ich nahm die Stiefel einzeln mit und versteckte sie in meiner Pritsche. Ich gab meinen Eltern zu verstehen, dass ich einen Ausbruch plante, und sie gaben mir ihren Segen.

Irgendwann um diese Zeit schmuggelte sich Ruwke Oppenheim, Ischies Bruder, in das Lager, um seine Mutter mitzunehmen. Ich schaute ihm so genau wie möglich zu. Am 22. Dezember 1942 war das Lagertor geöffnet, um mit Rohstoffen beladene Lastwagen durchzulassen. Es war sehr kalt. Ich sah Oppenheim in seinem warmen Mantel und ging auf das Zimmer, um meine harten Filzstiefel anzuziehen. In den Stiefeln war es heiß wie in einem Ofen. Ich lockerte den gelben Stern und die Nummer und riss sie herunter, als wir in die Nähe des Tors kamen. Es waren keine Wachen zu sehen. Ich zögerte nicht und ging durch das Tor, ohne zurückzublicken. Ich überquerte die Landstraße und ging auf den kleinen Wald zu, in dem bereits ein paar Leute warteten. Am Nachmittag waren wir bereits 14. Wir warteten bis zum Einbruch der Dunkelheit und setzten uns dann in Bewegung. Wir gingen um die Stadt herum und versuchten, das Haus der Hundefänger zu erreichen, wo Oppenheim um Mitternacht mit den Partisanen verabredet war.

Der Gang war sehr schwierig, der Schnee war weich und ging uns bis zur Hüfte. Wir mussten etwa acht Kilometer zurücklegen, damit wir um die Stadt schleichen und den Häusern und den bellenden Hunden ausweichen konnten. Wir erreichten das Flüsschen Brecianka. Wir fühlten das Eis unter dem Schnee, aber plötzlich gab das Eis nach und die meisten von uns fielen hinein. Das Wasser ist so schnell in diesem Fluss, dass es selbst bei so niedrigen Temperaturen nicht zufriert, und an dem Tag waren es bestimmt minus 20 Grad. Ich kam am schlechtesten weg. Ich hatte Filzstiefel an und das Material sog das Wasser sofort auf. Der Schnee klebte an meinen Stiefeln. Das Gehen fiel mir mit jedem Schritt schwerer; es fühlte sich an, als ob ich auf Stelzen gehen würde. Meine Füße wurden schwer und ich konnte das Tempo nicht halten, aber ich wusste, wo die Hundefänger wohnten und ging in meinem eigenen Tempo weiter. Ich kam eine halbe Stunde nach der Gruppe an.

Wir alle erreichten den Treffpunkt, aber zu spät! Die Partisanen hatten nicht gewartet. Sie sollten drei Tage später wiederkommen. Der Hundefänger weigerte sich, uns in seinem Haus oder in seinem Stall aufzunehmen. Er riet uns, in den kleinen Wald zu gehen und dort die nächsten drei Tage zu warten. Seine Frau gab mir einen Teller heiße Suppe, aber draußen im Hof. Nach einer Weile wollte ich nur noch schlafen. Ich begann langsam vor mich hinzudämmern und plötzlich wurde mir klar, dass wenn ich jetzt einschlafe, dann für immer. Ich ging mit mir selbst hart ins Gericht und traf eine Entscheidung: Ich muss in das Lager zurückkehren, sonst werde ich erfrieren.

Ich kroch zur Straße und begab mich in die Hände des Schicksals. Ich hatte Glück. Ein Bauer fuhr auf seinem Schlitten vorbei. Er saß vorne, tief in seinem Mantel eingewickelt, und bemerkte nicht, als ich hinten auf seinen Schlitten stieg. Glücklicherweise fuhr er durch die Peresiekastraße, unmittelbar am Ghetto vorbei. Ich sah die Wächter. Der Schlitten fuhr weiter Richtung Markt und Korelickastraße. Als wir in der Nähe des Lagers waren, warf ich mich einfach hinunter und ging zum Brunnen. Ich wusste, dass in wenigen Stunden die ersten Wasserträger kommen würden. Ich wartete in der bitteren Kälte auf sie.

Endlich kamen sie. Die Bewacher waren so eingehüllt, dass sie nichts sehen konnten. Ich bewegte mich vorwärts und wurde von einem der Träger bemerkt. Er muss es sofort den anderen gesagt haben, weil ich mich gleich in der Mitte der Gruppe wiederfand. Bevor ich wusste, was geschah, war ich wieder zurück in meinem Zimmer.

Mein Vater versuchte, mir die Stiefel auszuziehen, aber es war unmöglich. Man musste eine Feile und ein scharfes Messer benutzen.

Meine Zehen waren schwarz, mit Frostbeulen auf beiden Füßen. Es gab zwar einen Arzt namens Jakobovitz, aber der konnte nicht helfen, weil er ein paar Wochen zuvor eine Zigarette im Dunkeln angezündet und ihm ein Wächter das Bein durchschossen hatte. Also gab es keinen Arzt, der hätte helfen können, keine Medizin, kein Verbandszeug, nichts. Es wurde nach einem Zahnarzt gerufen und der schlug vor, noch eine Woche zu warten und danach meine Zehen abzuschneiden. Nach wenigen Tagen begann das Fleisch zu verfaulen, der Gestank war unerträglich. Ich wurde wieder untersucht und der Zahnarzt beschloss, meine Zehen am nächsten Tag zu amputieren.

Vier Leute hielten mich fest, während der Zahnarzt die Amputation vornahm. Es tat nicht weh, als er in das Fleisch schnitt, aber als er für die Knochen die Zahnarztzange nahm, war es eine Tortur. Am schlimmsten war jedoch, dass ich mir sicher war: Selbst, wenn die anderen durch großes Glück oder ein Wunder überleben würden, habe ich gerade mein eigenes Todesurteil unterschrieben – ich war in einem Lager und konnte nicht laufen.

Für meine Eltern und meine Schwester war die Belastung unerträglich. Da ich nicht arbeiten konnte, verdiente ich kein Essen, für sie hieß das: kleinere Rationen. Ruwke Schabakowski wohnte in unserem Zimmer. Einmal musste er auf Befehl des deutschen Kommandeurs in die Stadt, um eine Sonderaufgabe zu erledigen. Als er zurückkam, hatte er einen halben Sack Mehl bei sich, und später holte er aus dem Sack ein Radio hervor. Ein Tischler stieg mit ein paar Männern auf den Dachboden, sie meißelten ein Loch in den Balken und versteckten das Radio dort. Auf diese Weise konnten wir Nachrichten hören. Besonders die Berichte über Stalingrad stimmten uns froh. Es wuchs auch die Hoffnung, dass man uns am Ende vielleicht doch am Leben lassen würde. Schließlich halfen wir ihren Offizieren mit Pelzmänteln, Stiefeln und Handschuhen.

Am 4. Februar 1943 erhielten wir die furchtbare Nachricht, dass das Ghetto in den frühen Morgenstunden liquidiert worden war. Am nächsten Tag war ein neuer Jude in unserem Lager. Er sagte, dass er das Massaker überlebt und sich ins Lager geschmuggelt habe. In jener Nacht hatte es nicht geschneit; die Vorsteher suchten nach Fußspuren in der Nähe der Latrinen, fanden aber keine. Er war also von den Deutschen eingeschleust worden. Die Fluchtorganisatoren beriefen eine Versammlung ein und es wurde beschlossen, ihn zu köpfen. Die Hinrichtung fand noch am selben Tag statt. Am nächsten Tag wurden Burstein (Vertreter des Judenrats) und Schabakowski verhaftet. Zwei Tage später brachten Polizisten Schabakowski zurück. Er wurde getragen. Sein Rücken war vor Schlägen so schwarz, dass er selbst zum Sprechen zu schwach war, aber als es ihm besser ging, erzählte er, dass es den Deutschen um die Route zu den Partisanen und um das Schicksal des Informanten ging. Keiner der beiden verriet etwas, aber Burstein überlebte die Prügel leider nicht. An der Wand der Gefängniszelle stand in Großbuchstaben und mit Blut geschrieben: NEHMT RACHE.

Reuter übertrug die Aufsicht über die Juden Daniel Ostaschinski. Mir ging es langsam besser, aber es tauchte ein neuer Feind auf: Wanzen – Millionen Wanzen. Sie machten mein Leben zur Hölle. Aufgrund des Drecks übernahmen Läuse und Ungeziefer die Herrschaft. Sie krochen unter meinen sogenannten Verband und belästigten meine Wunden. Ich musste mich kratzen, aber schon beim leichtesten Kratzen platzten meine Wunden auf und bluteten wieder.

Einmal wachte ich mitten in der Nacht mit furchtbaren Kopfschmerzen auf. Es war zum Verrücktwerden, aber bald wurde mir klar, dass eine Wanze in mein Ohr gekrochen war. Die einzige Möglichkeit sie rauszubekommen bestand darin, zur Kante der Pritsche zu kriechen, in meine Hand zu urinieren und die Wanze damit auszuspülen. Es hat zwar funktioniert, aber ich musste bis zum Morgen warten, bis ich ein wenig Wasser bekommen konnte, um meine Hand und mein Gesicht zu waschen.

Es gab natürlich keinen Strom im Lager. Wir hackten und verbrannten Kleinholz. Je nach dem Winkel, wie man sie hielt, wurde das Licht heller oder dunkler. Ich benutzte sie die ganze Nacht hindurch, um die Wanzen an der Wand abzubrennen. Ich wurde in die oberste Pritsche verlegt, um die anderen nicht zu belästigen. Mir taten meine Eltern so leid, sie waren gealtert.

Vor dem Krieg hing ein Plakat in meinem Zimmer. Darauf war ein jüdischer Junge mit einem traurigen Gesicht abgebildet, darunter stand: »Lo tov ba'olam« – »Es gibt nichts Gutes auf der Welt«. Es wurde wahrscheinlich 1936 gedruckt, während der Unruhen in Jaffa. Ich lag auf meiner Pritsche, hatte furchtbaren Hunger und dachte mir: Wie kam der dazu, sich zu beschweren?

Anfang April bekam meine Tante die Nachricht, dass ein von den Partisanen geschickter Bauer auf Scheindel Sucharski und ihren Freund Michle Sosnowski warten würde, um sie zu den Partisanen zu führen. Sie setzten sich beim Wasserholen von der Gruppe ab, warteten eine Weile und erreichten dann den großen Marktplatz außerhalb der Stadt. Ein polnisches Mädchen, mit dem sie vor dem Krieg zusammen zur Schule gegangen waren, erkannte sie dort und rief die Polizei. Sie wurden verhaftet, gefoltert und im Gefängnis ermordet.

Im April 1943 kündigte Lagerkommandant Reuter an, dass er mit der Arbeit der Insassen zufrieden sei und von nun an 250 Facharbeiter Sonderrationen zugeteilt bekommen würden: wöchentlich 100 Gramm Fett und eine Portion Brot zusätzlich. Um sie zu bekommen, mussten sie sich in die Versammlungshalle der Werkstatt begeben, und nicht wie früher zum Tor. Mein Vater fiel in diese Kategorie. Jede Woche schaute ich mir die Versammlung an, hörte, wie die Nummer ausgerufen und die Leute geschlagen wurden, und sah, wie die Facharbeiter abgeführt wurden, um ihre Sonderration zu bekommen.

Der Morgen des 7. Mai 1943 war schön und sonnig. Das Fenster stand offen, und wie immer sah ich der Versammlung der Facharbeiter zu. Plötzlich bemerkte ich, wie jede Menge lokale und fremde Polizisten umherliefen und mit ihren Gewehren auf alle einschlugen. Meine Mutter kam ans Fenster, um mich zu beruhigen. »Es ist nichts«, sagte sie. Ich war mir sicher, dass sie mir Lebewohl sagen wollte – in dieser Zeit hatte man ein Gespür für solche Sachen und wenn meine Mutter auf diese Weise zu mir kam, war es so, als ob sie Lebewohl sagen wollte. Ich konnte die Schreie und den Anblick der Prügel nicht mehr ertragen. Ich drehte mich zur Wand, zu meinem sogenannten Kopfkissen. Ich deckte mich zu, presste mir die Finger in die Ohren und lag still, während ich hemmungslos weinte. Nach einer Weile hörte ich Schüsse.

Was sollte ich machen, wenn ich geschnappt würde? Sie würden mich totschlagen, weil ich immer noch nicht laufen konnte. Plötzlich hörte ich, wie Wachen ins Zimmer kamen. Sie hatten alle ermordet und wollten jetzt plündern, aber wir hatten nichts. Schimpfend vor Zorn schmissen sie unsere Habseligkeiten nach oben auf die Pritschen und deckten mich so weiter zu. Wie lange ich da lag, weiß ich nicht, aber bald hörte ich Menschen weinen und wusste, dass die Facharbeiter zurück waren. Unter ihnen waren mein Vater und Onkel Notke Sucharski. Alle anderen, darunter meine Mutter, Schwester und Tante, waren auf der anderen Seite des Lagers erschossen worden.

Danach wurde die Ration reduziert und bestand nur noch aus 125 Gramm mit Stroh vermischten Brots und einer Schale Suppe am Tag – eine Kost zum langsamen Verhungern. Es war mir unmöglich, mich an den Hunger zu gewöhnen. Ich hatte keine Beschäftigung und die Tage gingen sehr langsam vorbei, jedes Mal 24 Stunden auf die nächste Scheibe Brot wartend. Anfangs träumte ich noch vom guten Essen der vergangenen Zeiten, aber das machte mich morgens nur noch hungriger.

Es wurde ein Fluchtkomitee gegründet, da es nun sicher zu sein schien, dass am Ende niemand am Leben gelassen werden würde. Unabhängig davon, ob deutsche Soldaten mit der Winterkleidung, die wir herstellten, vor dem Erfrieren gerettet werden würden, schien der Krieg gegen die Juden für die Nazis noch viel wichtiger zu sein als der Krieg gegen Russland.

Der erste Plan sah vor, nach Einbruch der Dunkelheit Handgranaten in die Wachstube zu werfen und zu fliehen. Einige würden mit Sicherheit den Wald erreichen. Aber was war mit mir? Ich konnte nicht laufen und auch nicht zulassen, lebend gefangengenommen zu werden. Mein Vater bereitete also zwei Stricke vor. Sobald wir die erste Explosion hörten, würden wir uns erhängen.

Nach ein paar Nächten wurde dieser Plan verworfen und ein neuer entwickelt: Man würde einen 100 Meter langen Tunnel auf die andere Seite des Stacheldrahtverhaus bauen und im Weizenfeld rauskommen. Die Arbeit begann im Juni. Der Tunnel sollte 70 Zentimeter breit und etwa 60 bis 70 Zentimeter hoch werden. Die Elektriker mussten einen Weg finden, wie man Strom in den Tunnel leiten und gleichzeitig die Sicherungen so manipulieren konnte, dass man die Stromversorgung der Wachbude und der Reflektoren bei Bedarf ausschalten könnte. Die Schneider sammelten Laken, um daraus für den Sand Säcke zu nähen, und Schnüre für die Schubkarren zu flechten. Es wurde rund um die Uhr gearbeitet. Für die Schienen musste man aus der Werkstatt Holz stehlen.

Eines Morgens wurde einer der Tischler, Refoel, mit einem Stück Holz unter seinem Mantel erwischt. Er wurde am nächsten Morgen beim Appell an den Handgelenken aufgehängt. Als er in Ohnmacht fiel, wurde er mit Wasser wieder zum Leben erweckt. Er hing über eine halbe Stunde. Das hielt uns jedoch nicht davon ab, weiter Werkzeug und Holz zu stehlen.

Anfang Juli 1943 kam mein Vater während des Arbeitstags zu mir, nahm seine Sachen und verabschiedete sich. Er sagte, dass sie ihn für kurze Zeit in ein anderes Arbeitslager schicken würden. Sie nahmen elf Facharbeiter, einen von jedem Beruf, und schickten sie in ein Lager für russische Kriegsgefangene bei Kolditschewo. Es war ein sehr trauriger Tag für mich, der Abschied ging viel zu schnell, und bis heute sehe ich meinen armen Vater vor mir, wie er mit dem kleinen Gepäck in der Hand versucht, tapfer dreinzublicken, während er sagt, dass wir uns bald wiedersehen würden, obwohl er genau weiß, dass es ein Abschied für immer ist. Kolditschewo war ein Ausbildungslager für weißrussische Schlägertypen und damit das schlimmste Lager in Weißrussland. Es ist erwähnenswert, dass höhere Stellen den Befehl erteilten, diesen Teil Weißrusslands bis zum 1. Januar 1944 ›judenfrei‹ zu machen, aber der Kommandant des Lagers Kolditschewo brauchte die 100 Juden in seinem Lager noch.

An diesem Tag wurden die Juden beim Appell aufgefordert, den Gelben Stern zu entfernen, und von da an hießen sie nur noch ›Arbeiter‹. Mein Vater wurde irgendwann im Februar 1944 getötet, als alle 96 Juden aus Kolditschewo flohen. Etwa zehn schafften es nicht bis zu den Partisanen, mein Vater war einer von ihnen. Es wurde erzählt, dass er nach der Flucht Selbstmord beging. Aber mit Sicherheit konnte es niemand sagen.

Als es mir besser ging, begann ich meine Kräfte zu messen. Nach sechs Monaten im Liegen fühlte ich stechenden Schmerz, als ich versuchte, meine Beine auf den Boden zu stellen. Ich war sehr schwach, aber ungeheuer entschlossen. Während der gesamten Zeit war es mein brennender Wunsch zu erleben, wie der Krieg ausgehen würde: Eine Niederlage der freien Welt schien mir unvorstellbar. Wenn es doch passieren sollte, wäre mir das egal. Und ich dachte viel an die Geschichte von Jizchok Leib Perez *Boncie Shvaig*.

Zuerst würde ich in den Himmel kommen. Ich sah keinen Grund, warum ich in die Hölle kommen sollte, da ich erst 14 Jahre alt war und noch nie jemandem etwas angetan hatte. Und auf die Frage: »Was möchtest du haben? Du kannst alles haben, was du dir nur wünschst!« würde ich wie Boncie Shvaig antworten: »Könnte ich bitte ein frisches Brötchen und etwas Butter haben.«

Nachdem die jüdische Bevölkerung des gesamten Gebiets ermordet worden war, begannen die Deutschen Gräueltaten an den Polen und an den Weißrussen zu verüben; viele wurden verhaftet und zur Sklavenarbeit nach Deutschland geschickt. Das brachte einen Teufelskreis in Gang: Es gab eine Mobilmachung, um Arbeitskräfte nach Deutschland zu schicken, junge Männer flüchteten zu den Partisanen, die Deutschen verhafteten und ermordeten ganze Familien, um die Leute davon abzuhalten, in den Wald zu gehen. Je mehr Leute sie töteten, desto mehr flohen. Am 31. Juli 1943 fuhr die Gestapo beim Kloster in Nowogródek vor, verhaftete elf Nonnen, brachte sie in einen Keller gegenüber dem Gefängnis und fuhr sie im Morgengrauen nach Skrzydlewo, wo sie erschossen wurden. Bis heute gibt es keinen erkennbaren Grund für diese ›Aktion‹; zwei Untersuchungsstellen wurden gegründet, eine in Warschau und eine andere im Vatikan.

Für mich wurde das Leben hart. Ich konnte mich mit Krücken mehr oder weniger bewegen, aber ich konnte nicht mehr am harten Brett liegen, weil ich wie ein Skelett aussah. Ich war völlig abhängig vom Wohlwollen der anderen, um auch nur eine Scheibe Brot oder ein wenig Suppe zu bekommen. Selbst die Läuse an meinem Körper waren komplett weiß. Ich bekam viel Hilfe in dieser Zeit, vor allem von Efroim Sielubski, einem Sattler, der jahrelang für unsere Familie gearbeitet hatte. Ich glaube, dass ihn meine Familie mit seiner Frau verkuppelt hatte. Wir waren sehr gut befreundet.

Die Arbeit am Tunnel machte große Fortschritte. Wir waren beinahe 100 Meter weiter und hatten den Stacheldraht längst hinter uns. Aber plötzlich brach Panik aus: Die Deutschen brachten einen Traktor, um den Weizen zu mähen. Würde das Gewicht des Traktors den Tunnel zum Einsturz bringen? Gott sei Dank hielt der Tunnel. Es wurde aber entschieden, den Tunnel auf eine Länge von 250 Metern zu verlängern, damit er hinter einem kleinen Hügel enden würde.

Wie sich herausstellte, hatten wir sehr viel Glück, dass wir unsere Flucht nicht Anfang August unternommen hatten, aber darüber später mehr, wenn ich über das *Unternehmen Hermann* berichten werde.

Keiner kann sich ausmalen, wie viel Erde sich bei einem solchen Projekt ansammelt. Zuerst wurde der Dachboden gefüllt, dann wurden doppelte Wände gebaut und ebenfalls gefüllt. Die Verantwortlichen waren sehr vorsichtig, um keinen Fehler zu machen, den alle Insassen mit ihrem Leben bezahlen müssten. Sie achteten sehr genau darauf, immer geradeaus zu graben, und von Zeit zu Zeit wurde ein weißer Stock durch die Erde gesteckt, um die Arbeit vom Dachboden aus zu kontrollieren. Gleichzeitig wurde die Tiefe des Tunnels gemessen. Der Dreck im Lager kam uns diesmal zugute, denn Reuter glaubte, dass er sich in unserem Quartier Krankheiten holen würde und kam nie vorbei. Selbst wenn er Juden schlug, zog er sich zuerst weiße Handschuhe an.

Ende August gab es neue Probleme: Es sickerte Regenwasser durch den Boden und Erde fiel vom Tunneldach herunter. Man musste Holz stehlen und ein paar Pritschen auseinandernehmen, um den Tunnel zu stützen. Mitte September wurde eine Versammlung abgehalten und abgestimmt. Einige sagten, dass es besser wäre, im Lager zu sterben als wegzulaufen, aber die Mehrheit zog die Flucht vor. Es wurde eine Liste erstellt. Als erste würden die Tunnelgräber gehen, gefolgt von fünf bewaffneten Männern (die anderen fünf Bewaffneten wären am Ende dran, um die Flucht zu überwachen), danach die starken und, unter den letzten, Pesach Abramowitz (der ebenfalls an einem Fuß die Zehen verloren hatte) und ich, da die Gefahr bestand, dass wir, wenn irgendetwas passieren sollte, den Tunnel blockieren und dadurch andere gefährden könnten. Ich musste einen Testlauf machen und es klappte hervorragend. Ich ging mittlerweile ohne Stock (ich schaute mir meine Füße an: Sie sahen aus wie Stöcke und ich fragte mich, wie in aller Welt sie mich tragen würden). Ich traf eine Absprache mit Pesach Abramowitz, dass wir zusammen gehen würden (alle sprachen vom Rennen, wir sprachen vom Gehen). Unser Plan war, dass wir denselben Weg gehen würden wie das letzte Mal und wir nicht der Masse folgen würden, da wir sowieso nicht mithalten konnten.

Die Planung, die in den Bau des Tunnels investiert wurde, war fantastisch. Während er gebaut wurde, wurde ein Versteck auf dem

Dachboden der Werkstatt gebaut für diejenigen, die für die Flucht zu schwach waren. Die Idee dahinter war, dass sie sich verstecken und eventuell später fliehen könnten. Am allerwichtigsten war, alles, was mit dem Tunnelbau zu tun hatte, vor dem Buchhalter zu verheimlichen, einem von uns getrennt wohnendem österreichischen Juden, von dem wir annahmen, dass er spionierte.

Sonntags arbeiteten wir nicht, da das Lager gereinigt wurde. Das Fluchtkomitee hatte Schlüssel für die Werkstatt. Für den 19. September wurde eine Versammlung in der Haupthalle der Werkstatt einberufen. Alle waren da, einer aus dem Fluchtkomitee hielt eine Rede und teilte uns mit, dass der Tunnel während der nächsten Woche fertiggestellt werden würde und wir bei günstigem Wetter unsere Flucht unternehmen würden. Der Bau des Tunnels war ein erstaunliches Projekt (vor allem, wenn man rückblickend die Schwierigkeiten, die Risiken und den Mangel an richtigen Werkzeugen für den Bau eines auf 250 Meter Länge geradeaus verlaufenden Tunnels bedenkt). Es gab keine Aussprache über das Für und Wider einer Flucht, stattdessen wurde eine sofortige Abstimmung vorgeschlagen. Noch immer waren etwa 20 Prozent gegen die Flucht, da sie sich nicht vorstellen konnten, dass irgendjemand überleben würde. Die Versammlung dauerte lediglich wenige Minuten, weil wir schnell wieder auseinandergehen mussten.

Es begann die längste Woche meines Lebens, aber ich hatte keine Angst. Die Leute verabschiedeten sich voneinander und tauschten Tipps untereinander aus über die besten Routen. Manche beklagten, dass niemand einen genauen Fluchtweg organisierte. Der Gedanke war jedoch, dass wenn wir alle unsere Wege gingen, unsere Überlebenschancen höher wären.

Während der Woche besuchte ich die Schneiderwerkstatt und sagte ihnen, dass ich noch den Mantel meines Vaters hätte, der ursprünglich von meinem Cousin Leiser stammte. Er ließ ihn zurück, als er kurz vor Ausbruch des Krieges in die Nähe von Minsk in Urlaub fuhr. Es war ein wunderbarer Mantel, der aus einem polnischen Armeemantel gemacht worden und mit einem Pelzkragen versehen war. Mein Vater trug ihn, bis sie ihn nach Kolditschewo geschickt hatten. Er war zu groß für mich, aber ich brauchte dringend eine Hose und noch mehr als das brauchte ich eine Extraportion Brot. Beides bekam ich angeboten. Auch die Hose war gut, neu, keine Löcher. Ich war glücklich über das Geschäft und holte die beiden Sachen am Freitag ab.

Samstag war ein Tag der Stille. Am Sonntag regnete es, deshalb wurde der Zeitpunkt des Ausbruchs noch für denselben Abend festgelegt.

26. September 1943 – der Tag unserer Flucht. Ich ging in die Sattlerei und stahl einen Gürtel mit einem deutschen Pistolenhalfter. Ich habe die Schmiede gebeten, mir einen Stock aus Metall anzufertigen, auf den ich mich stützen konnte. Es kamen viele Freunde, um mir eine erfolgreiche Flucht zu wünschen, als ob ich der Einzige gewesen wäre, der ausbrechen wollte. Ich wusste natürlich, was sie meinten; sie dachten, dass ich nicht den Hauch einer Chance hätte. Ich konnte spüren, dass ich ihnen leid tat. Alle hatten Tränen in den Augen. Ich hatte jedoch keine Angst. Um etwa 20 Uhr versammelten wir uns auf dem Dachboden. Um das zu verstehen, muss man wissen, dass wir in zwei langen Schuppen und einem Stall untergebracht waren. Die Schuppen waren in viele Räume unterteilt; jeder Raum hatte eine eigene Tür und eigene Fenster, es gab aber keine Übergänge zwischen den Zimmern. Die einzige Möglichkeit, sich miteinander in Verbindung zu setzen war, die Falltür zum Dachboden zu öffnen. In der Nacht konnten wir einander auf diesem Weg besuchen. Als die Erde aus dem Tunnel auf den Dachboden gebracht wurde, wurde sie auf beide Seiten verteilt, damit der Weg zwischen den Räumen frei blieb. Der Boden musste an den Seiten verstärkt werden. Wir versammelten uns also auf dem Dachboden und bildeten eine Schlange.

Es war eine dunkle und stürmische Nacht, die Scheinwerfer wurden abgeschaltet und aus dem Zinkdach ein paar Nägel entfernt, damit der Wind ratternde Geräusche machte. Wir versammelten uns den Vorgaben entsprechend in einer langen Schlange; meiner Erinnerung nach bekamen wir Nummern zugeteilt, und ich musste mich hinter Pesach anstellen und Pesach hinter einem anderem, und wir mussten warten. Wir warteten etwa eine Stunde. Es war sehr still; man konnte gerade noch die Gesichter im Halbdunkeln erkennen. Ich saß still hinter Pesach und dachte über meine Familie nach und darüber, was uns in so kurzer Zeit widerfahren war. Wie seltsam, dass meine Mutter auf ihre geliebte Schwester neidisch war, weil sie tot war. Ich hoffte, dass mein

Vater noch am Leben war und dass wir vielleicht beide diesen grausamen Albtraum überleben würden. Mein einziger Wunsch war, nicht lebend in die Hände des Feindes zu fallen.

Die Zeit verging schnell. Um etwa 21 Uhr wurde ein kleines Lüftungsloch gebohrt und die Schlange begann sich vorwärts zu bewegen.

Etwa 120 Leute gingen in den Tunnel. Sie saßen an die 10 bis 15 Minuten da drin, bis das letzte Loch geschlagen wurde und die Schlange sich zu bewegen begann. Wir hatten nicht mit der Wirkung des Lichts im Tunnel gerechnet. Als die Menschen am Ende aus dem Tunnel krochen, waren sie wegen der plötzlichen Dunkelheit nach dem hellen Licht im Tunnel desorientiert und viele liefen zurück in Richtung des Lagers, woraufhin die Wachen das Feuer eröffneten. Obwohl die Scheinwerfer von der Stromversorgung abgeschnitten worden waren, konnten die Wachen im Dunkeln Bewegungen erkennen und dachten wahrscheinlich, dass es ein Partisanenangriff zur Befreiung des Lagers war.

Als ich aus dem Tunnel herauskam, sah ich, wie es auf dem ganzen Feld nur so wimmelte vor herumfliegenden Kugeln. Es fiel mir sehr schwer, Pesach zu folgen. Später sprach ich in Nowogródek mit vielen Anwohnern und alle sagten, dass die Wachen unsere Flucht bis etwa vier Uhr morgens nicht gemerkt hatten. Reuter erschien um 4.30 Uhr. Er ließ die weißrussischen Wachen verhaften.

Die zehn älteren Menschen, die sich auf dem Dachboden versteckt hatten, hörten das Durcheinander am frühen Morgen, als die Tore geöffnet und keine Juden gefunden wurden. Die Deutschen übernahmen die Kontrolle. Am dritten Tag nach der Flucht kamen Lastwagen, es wurde alles abgebaut und zusammen mit den deutschen Wachmannschaften abtransportiert. Am fünften Tag kamen die Juden aus ihrem Versteck, spazierten durch die unbewachten Tore ins Freie und schlossen sich den Partisanen an.

Pesach war vor mir. Wir blieben bei unserem Plan. Wir sahen im Dunkeln Gestalten, wie sie auf den Wald zuliefen und wir waren uns sicher, dass die Deutschen am nächsten Tag die Gegend durchkämmen würden. Da wir nicht imstande waren, mehr als höchstens acht Kilometer am Tag zurückzulegen, hatten wir keine Chance zu entkommen. Unser Plan war also, um die Stadt herumzugehen und auf der anderen

Seite zu warten. Wir blieben zusammen. Die Felder waren kurz zuvor gepflügt worden, so dass es schwer war zu laufen. Ich spürte, dass sich meine Wunden wieder geöffnet hatten. Der Metallstock war nutzlos, weil er tief in den Boden sank, wenn ich mich darauf stützte, und ich warf ihn weg. Es regnete stark und wir waren völlig durchnässt.

Wir folgten derselben Route wie bei meinem ersten Fluchtversuch und überquerten denselben Fluss. Wir sahen das ausgebrannte Haus der Hundefänger. Irgendwann im Februar kamen die Deutschen dahinter, dass die Bobrowskis mit den Partisanen in Kontakt standen. Die Gestapo steckte ihr Haus in Brand, warf die beiden Erwachsenen ins Feuer und verschleppte das 14-jährige Mädchen und den 15-jährigen Jungen in das deutsche Konzentrationslager Groß-Rosen nahe Breslau. Der Junge starb dort und Maria kam zuckerkrank zurück, ihr musste ein Bein amputiert werden. Sie lebt heute in Nowogródek. Die Familie Bobrowski gehört zu den ›Gerechten unter den Völkern‹.

Langsam brach der Tag an. Wir lagen hinter einem Busch und blieben dort den ganzen Tag, etwa zwei Kilometer von der Stadt entfernt. Es war ein sonniger Tag, aber es dauerte lange, bis wir trocken waren. Wir hörten nichts, aber wir sahen, wie Schäfer ihre Schafe weiden ließen. Sobald es dunkel war, standen wir auf, gingen zum nächsten Haus, klopften an die Tür und verlangten etwas zu essen. Ich trug meinen Pistolenhalfter, den ich vor der Flucht gestohlen hatte. Ein Mann gab uns einen Laib wunderbares Brot und Milch. Er sagte uns, dass die Juden geflohen waren und die Deutschen sie jagten. Wir hatten sehr großes Glück! Wir waren sehr hungrig, nahmen aber nur zwei Bisse vom Brot und füllten unsere Taschen mit dem Rest auf. Das blieb der einzige Ort, wo wir nach Essen fragten. Wasser tranken wir aus Pfützen.

Wir gingen fünf Nächte lang immer geradeaus in eine Richtung, ohne den Weg zu kennen. Nachts regnete es oft und ich hatte Angst, meine zerfetzten Schuhe auszuziehen. Um das Loch herum sah ich verhärtetes Blut. Am Tag war es sonnig und unsere Kleider dampften nach den Regennächten. Am Morgen des 1. Oktober 1943 wollten wir uns nach dem langen Marsch in der Nacht gerade ausruhen, als wir Menschen mit Pferden und einer Karre sahen. Wir versteckten uns, aber dann hörten wir, dass sie Jiddisch sprachen. Ich erkannte Itzie Bernstein aus Iwieniec.

Die Partisanen, mit denen Itzie unterwegs war, waren bei der *Ordschonikidse*-Brigade. Diese Kämpfer kamen gerade von einem Einsatz zurück und wir hatten enormes Glück, auf sie zu treffen. Wie könnte man unsere Freude beschreiben? Wir hatten etwa 30 bis 40 Kilometer zurückgelegt und waren auf halbem Weg nach Lida. Es ist unmöglich, sich die Wahrscheinlichkeit dessen auszurechnen, was uns passiert ist: Wir gingen in den Wald, ohne den Weg überhaupt zu kennen, und trafen genau die Gruppe, nach der wir suchten. Wären wir in die Hände polnischer Partisanen geraten, hätte das unseren Tod bedeutet. Manche russische Partisanen hätten uns vielleicht den Weg gezeigt oder uns sogar zu den Bielskis begleitet, aber andere hätten uns einfach im Wald umherirren lassen, wo uns früher oder später jemand getötet hätte.

Pesach erfuhr, dass sein Bruder in einem Gefecht mit Deutschen und lokaler Polizei getötet worden war. Er starb tapfer. Pesach tat mir furchtbar leid, weil er sich so darauf gefreut hatte, seinen Bruder wiederzusehen.

Es fühlte sich sehr seltsam an, weil wir gerade in der Nacht davor unsere letzten Krümel Brot aufgegessen hatten. Und jetzt, zum ersten Mal nach mehr als zwei Jahren, gab es keinerlei Einschränkungen, wie viel wir essen durften. Ich bekam viel Milch, wurde aber gewarnt, langsam und sehr wenig auf einmal zu essen. Sie sprachen aus Erfahrung.

Wir hörten von einer anderen jüdischen Familiengruppe, angeführt von Sorin, mit über 800 Juden. Schimon Sorin wurde 1898 in Minsk geboren, kämpfte 1918 bei den Kommunisten und war zwischen 1918 und 1924 Offizier der Roten Armee. Vor dem Krieg war er Zimmermann von Beruf. Als die Deutschen Minsk einnahmen, musste er wie alle anderen Juden ins Ghetto.

1942 arbeitete er in einem Lager für russische Kriegsgefangene. Er freundete sich mit vielen ehemaligen Offizieren und Kommunisten an, und mit der Hilfe von Herrn Smolar (im Vorkriegspolen Kommunist, später in Russland) halfen sie über 10.000 Juden, aus dem Minsker Ghetto zu fliehen. Viele wurden unterwegs zu den Partisanen getötet. Die Kinder und die Älteren fanden ihren Weg zu Sorin und die Übrigen schlossen sich russischen Einheiten an und kämpften gegen die Deutschen. Laut russischen Dokumenten bestand die Abteilung *Shukow* aus 673 Partisanen, darunter 30 Juden; die Abteilung *Dsershinski* 617, darunter 18 Juden; *Zkapola* 1.170, darunter 239 Juden; *Stalin* 1.404, darunter 140 Juden; *Kirow* 601, darunter 150 Juden; *Lenin* 695, darunter 202 Juden; *Wperjod* 579, darunter 106 Juden. Es gab nur ganz wenige Abteilungen ohne jüdische Mitglieder. Die Juden mussten im Kampf gegen den Faschismus herausragen, und viele Ostjuden gaben ihre Herkunft nicht preis; es war einfacher, als Russe durchzugehen. Dies ist lediglich eine Liste der Abteilungen aus dem Gebiet Baranowicze – es gab noch viele andere.

Die Partisanen nahmen uns zu ihrem Stützpunkt mit und ich war endlich mit meinem Cousin Berl wiedervereint. Wir lachten und weinten zugleich. Er hatte nicht daran geglaubt, dass ich es zu den Partisanen schaffen würde, aber was mich angeht, war ich mir dessen sicher gewesen. Berl gehörte zu den Kämpfern in der Gruppe.

Ich kam zur *Ordschonikidse*-Abteilung der *Kirow*-Brigade. Das war der Name der ehemaligen Bielski-Kämpfertruppe, die aus 180 Männern und Frauen bestanden hatte. Es war zwei Tage vor Jom Kippur. Den Oberbefehl hatte ein russischer Kommandeur, Zus Bielski war Chef der Aufklärung. Ich erinnere mich, dass sehr früh am Morgen des Jom Kippur Essensvorräte für etwa 30 Kämpfer vorbereitet wurden, die bei ihrer anstehenden Mission einen deutschen Konvoi in den Hinterhalt locken sollten. Nachdem sie sich neben der Hauptstraße getarnt hatten, warteten sie den ganzen Tag. Es passierte aber nichts; die Straße blieb leer, bis auf kleinen lokalen Verkehr. (Im Herbst 1943 war es für deutsche Lastwagen bereits unmöglich, auf den Straßen um Nowogródek ohne Schutzbegleitung zu fahren. Sie mussten immer im Konvoi fahren, da die Straßen im Partisanengebiet lagen und ständig überfallen wurden.)

Bald nach Jom Kippur beschloss Berl, dass es für uns, wenn wir zusammenbleiben wollten, besser wäre, *Ordschonikidse* zu verlassen und uns der Familiengruppe *Kalinin*-Abteilung, besser bekannt als *Bielski*, anzuschließen. Er bekam die Erlaubnis für die Versetzung und wir verließen die Kampfeinheit. Wir mussten lediglich einen kurzen, zwei Kilometer langen Weg zurücklegen, um zur *Kalinin*-Gruppe zu gelangen. Der Kommandeur war Tuvia Bielski, außerdem gab es einen russischen Kommissar namens Schematowiez, der von General Platon entsandt worden war. Asael Bielski war Zweiter in der Befehlskette. Das Lager war eine einzige große Übergangslösung, deren Mittelpunkt eine große Küche war. Inzwischen war ich gut ernährt, aber ich hatte trotzdem immer ein Stück Brot in meiner Tasche dabei.

Ich fand es seltsam, so viele Juden hier zu sehen, so gut wie ohne Angst, obwohl die deutschen Polizeistationen doch so nahe waren.

Die Aufklärer meldeten Bielski, dass sich die Deutschen und die lokale Polizei in Bewegung gesetzt hätten. Das bedeutete, dass wir das Lager umgehend evakuieren mussten. Für mich kam das zum denkbar ungünstigsten Zeitpunkt. Meine Wunden begannen gerade zu heilen. Berl besorgte mir neue Schuhe, aber ich konnte sie noch nicht anziehen. Wir hatten Pferde und Karren im Lager, und als ich eine der Karren bestieg, ritt Tuvia Bielski vorbei und brüllte vor Wut: »Wir haben uns noch gar nicht bewegt und der Malbusch [so hießen Nichtkämpfer] sitzt schon auf der Karre!?« Wir zogen langsam aus dem Lager, mitten am Tag, in einem großen Konvoi. Es war sehr gefährlich, weil wir große Straßen überqueren mussten. Berl meinte, dass es für uns besser wäre, den Konvoi zu verlassen: Wenn es zu Schießereien käme, wäre ich nicht in der Lage zu laufen. Er erkundigte sich nach der Route des Konvois und wir scherten aus, Berl mit einem Gewehr in der Hand und ich mit Fetzen an den Füßen. Berl kannte den Weg und wir gingen langsam.

Wir legten immer wieder Pausen ein, wenn ich nicht mehr konnte, aber merkwürdigerweise legten wir große Entfernungen zurück. Am Abend erreichten wir einen Bauernhof, wo sich weitere Partisanen aufhielten. Eine alte Frau (eine Babuschka) verteilte heiße Suppe aus einer großen Metallschüssel und alle standen herum und löffelten. Ich hatte keinen Löffel, sodass ich warten musste, bis jemand fertig war, aber bis dahin blieb kaum etwas übrig. Als wir den Bauernhof verließen, nahm ich einen Löffel mit. Am zweiten Abend verlief die Geschichte ähnlich: Suppe in einer großen Schüssel, sehr heiße Suppe; ich ging zur Schüssel, alle begannen zu essen, aber ich konnte nicht. Sie alle hatten Holzlöffel, aber meiner war aus Metall und wurde so heiß, dass ich warten musste, bis die Suppe ein wenig abgekühlt war, und bis dahin blieb nur noch sehr wenig davon übrig. Von da an sorgte ich dafür, dass ich immer einen tiefen Holzlöffel unter dem Gürtel trug, oder später in meinen Stiefeln! Ich hatte sogar einen dabei, als wir nach der Befreiung nach

Nowogródek zurückkehrten. Mein Löffel war mein halber Besitz. Am nächsten Tag trafen wir die Gruppe wieder und hörten, dass es Schießereien mit der lokalen Polizei gegeben hatte. Wir aßen etwas und gingen dann weiter zum nächsten Treffpunkt. Ich gewöhnte mich daran, ohne Angst im Wald zu schlafen. Wir waren im Partisanengebiet, wir konnten uns also tagsüber frei bewegen, es sei denn, wir liefen in einen Hinterhalt. Wir blieben die nächsten Tage in Bewegung, und wann immer es uns als sicher genug erschien, schlossen wir uns wieder der Gruppe an.

Berl schloss sich wieder der Kampfgruppe *Kalinin* an und bekam den Befehl, zusammen mit 20 anderen Kämpfern Lebensmittel zum Stützpunkt Nalibocka zu bringen. Und so erreichte ich den Nalibocka-Wald. Der Wald war riesig. Wir kamen zu einem alten Partisanenstützpunkt, trafen dort Pesach und fanden eine flache Stelle auf dem Boden, die bis zur Errichtung eines neuen Stützpunktes in fünf Kilometer Entfernung unser Zuhause bleiben sollte. Wir kamen spät an und ich war sehr müde. Ich zog die Lumpen von meinen Füßen herunter, was sehr schwierig war. Ich zog meinen Pullover aus und wickelte ihn um meine Füße. Wir hatten eine Decke, die wir auf dem Boden ausbreiteten. Ich bedeckte mich mit einem Mantel und schlief ein.

Als ich am nächsten Morgen aufwachte, war der Schmerz in meinen Füßen unerträglich. Der Boden war gefroren und mir war so kalt, dass ich glaubte, ich würde es nicht überleben. Ich zog mein Hemd aus und wickelte es um die Füße, aber das half nicht. Pesach ging zum inneren Lager und kam mit etwas heißem Wasser zurück. Ich stellte meine Füße in das Wasser und fühlte mich gleich besser.

Ich stand auf und ging zur Küche, wo man Suppe kochte für die Arbeiter, die das neue Lager aufbauen sollten. Ich nahm zwei Portionen von der glühend heißen Suppe, und wir sahen uns danach das Lager an.

Ich traf ein paar Freunde, und ohne es jemandem zu sagen, gingen wir zum neuen Stützpunkt. Dort waren Arbeiter, in Gruppen unterteilt, gerade dabei, die neuen Hütten zu bauen – eine Arbeit, die schnell erledigt werden musste, bevor der Boden zufror. Eine Gruppe hob große Gruben aus, sie waren ein Meter tief, fünf Meter breit und etwa sieben Meter lang. Der nächste Trupp baute das Dach, ein dritter die Pritschen für etwa 50 Personen pro Hütte. Einige Hütten waren bereits fertig, andere sogar schon bezogen.

Wir betraten eine leere Hütte, brachten darin unsere Habseligkeiten unter (ich besaß nur eine Hose und ein zerfetztes Handtuch und Pesach ungefähr genauso viel) und richteten uns ein. Die Bauarbeiten dauerten von früh bis spät. Für mich war die Küche das Wichtigste. Ich hatte ständig Hunger, und es war glücklicherweise nie ein Problem, an Suppe zu kommen. Ich freundete mich mit Cudek, dem Koch, an. Ich fand einen großen Topf, den ich mit heißem Wasser auffüllte, um die Lumpen von meinen Füßen zu lösen. Es kam mir wie ein Wunder vor, als die Wunden zu heilen begannen.

Als Berl mit seiner Gruppe zurückkam, brachten sie sehr viel Essen, Pferde und Kühe mit und gaben mir einen Sack voller Lebensmittel: Schinken, Butter, Käse und Brot. Obendrein trieb er noch einen Mantel für mich auf. Berl und seine Freunde wollten sich etwas abseits, an einem trockeneren Ort, ihre eigene Hütte aufbauen und etwa zehn Tage später bezogen wir unser neues Zuhause. Es war ein angenehmer Haufen voller Freunde, auch mein Onkel Notke Sucharski war dabei.

Berl hielt sich selten auf dem Stützpunkt auf. Seine Truppe war ständig unterwegs auf der Suche nach Nahrung. Seine Ausflüge waren lang und gefährlich. Die Deutschen haben um den Wald herum alle Dörfer abgebrannt (manchmal mit den Einwohnern in ihren Häusern) und wir durften nichts aus dem Partisanengebiet mitnehmen, und das bedeutete, dass wir unsere Lebensmittel aus den stadtnahen Dörfern nehmen mussten, unweit der deutschen Garnisonen und Polizeistationen. Gnade war fehl am Platz, wenn wir den Bauern ihre Schweine und Kühe nicht weggenommen hätten, hätten es die Deutschen getan. Diese jungen Männer setzten ihr Leben aufs Spiel, um für das Lager Nahrung zu besorgen. Der Weg zum Einsatzort war riskant, aber richtig gefährlich war immer der Rückweg. Die Karren waren vollgeladen, es ging nur schleppend voran und manchmal riefen Bauern die Polizei. Glücklicherweise kannten die Bauern nie die tatsächliche Stärke der Gruppen, meistens überschätzten sie sie völlig, und die Polizei hatte Angst vor dem Wald. Dennoch kam es manchmal zu bedauerlichen Zwischenfällen.

Irgendwann im Sommer verließen elf Männer den Stützpunkt, um Telegraphenmasten in die Luft zu sprengen und auf dem Rückweg Lebensmittel mitzubringen. Den ersten Teil erledigten sie erfolgreich. Allerdings brauchten sie länger als geplant, und weil sie müde waren, wollten sie sich in einem sicheren Haus ausruhen, das vom Partisanenkommando als solches freigegeben worden war. Das Haus lag etwa drei Kilometer von einem deutschen Stützpunkt entfernt. Der Bauer (sein Name war Belaruss) begrüßte die Partisanen – schließlich gehörte er zur Organisation. Er gab ihnen Essen und Wodka. Der Kommandeur machte einen Fehler. Da sie alle sehr müde waren, ließ er keine Wachen aufstellen und verließ sich auf den Bauern. Aber der Bauer war Antisemit und schickte seinen Sohn zum deutschen Befehlshaber mit der Nachricht, dass jüdische »Banditen« in seinem Haus seien. Die Deutschen umstellten das Haus und mithilfe des Bauern brachten sie alle darin um.

Als die Jungs nicht zurückkehrten, gab es eine Untersuchung und es wurde festgestellt, dass Belaruss der Verantwortliche für ihren Tod war. Es wurde beschlossen, Rache zu nehmen. Asael Bielski war auf einem Bauernhof aufgewachsen, seine Sprache und sein Auftreten waren die eines einheimischen Bauern. Er sah auch nicht aus wie ein Jude. Nachdem drei Monate vergangen waren, sammelte Asael Männer mit einer ähnlichen Herkunft um sich und stattete eines Abends dem Bauern einen Besuch ab.

Der Bauer begrüßte Bielski und die anderen herzlich. Seine Frau kochte Abendessen und sie begannen zu trinken. Asael sagte, dass er keine Juden mag. Daraufhin erzählte im der Bauer, wie er seinen Sohn zu den Deutschen geschickt und wie er persönlich mit seiner Axt auf einen Juden eingeschlagen hatte. An dieser Stelle enthüllte Asael seine wahre Identität. Der Sohn des Bauern versuchte noch, seine Pistole zu ziehen, wurde aber daran gehindert. Dann wurde die ganze Familie umgebracht. Die Verwandten des Bauern im Dorf nebenan wurden ebenfalls massakriert. In den benachbarten Dörfern wurden Flugblätter verteilt, dass dies die Strafe für den Verrat an den jüdischen Partisanen sei.

Vor der Mission ordnete Bielski an, vom Bauern nichts mitzunehmen, auf dem Rückweg stellte sich aber heraus, dass einer der Männer den Befehl missachtet und die neue Jacke des Bauern mitgenommen hatte. In den Taschen fand er ein Gratulationsschreiben des Gebietskommissars Traub und eine Belohnung von 100 Mark. (Dieser Brief wurde an das Partisanenhauptquartier weitergeleitet, jetzt müsste er im Besitz des Kriegsmuseums in Minsk sein.)

Meistens war Berl nach seiner Rückkehr zum Stützpunkt so müde, dass er sich kaum noch bewegen konnte. Er zog sich aus, und immer wieder war ich überrascht, dass seine Kleider nicht wegliefen, sie waren nämlich total verlaust. Ich kochte immer alles aus und bürstete nachher die Läuse ab. Er trug immer zwei Hosen, um warm zu bleiben, und zog sich während der Einsätze, die meistens 10 bis 14 Tage dauerten, nie aus.

Mithilfe eines jungen Dienstmädchens ermordeten Partisanen den gut bewachten Generalkommissar für Weißrussland, Wilhelm Kube. Er wurde am 21. September 1943 getötet, wir erfuhren einen Monat später davon. Wir waren sehr glücklich darüber, wussten aber, dass sich die Deutschen rächen und hunderte Unschuldige ermorden würden.

Mittlerweile hatte sich der Stützpunkt zu einer Kleinstadt entwickelt, es gab eine Bäckerei, einen Salamimacher, Schuhmacher, Schneider- und Ingenieurwerkstätten, und, später, eine Gerberei. Partisanen aus der gesamten Region kamen zu Bielski, um ihre Waffen, Schuhe und Uniformen in Ordnung bringen zu lassen und Mehl für Brot und Kühe für Salami einzutauschen. Die Bielskigruppe wurde zu einer produktiven Einheit und half dadurch im Kampf der Partisanen gegen die Deutschen. Ich erledigte alle möglichen Arbeiten im Lager. Wir hatten auch eine Menge Unterhaltung, weil die russischen Partisanen immer wieder etwas aufführten. Bis Mitte 1943 waren die Partisanen mittlerweile eine richtig durchorganisierte und direkt aus Moskau geleitete Armee geworden. Generalmajor Platon besuchte zusammen mit mehreren hochrangigen Offizieren unser Lager und war sehr zufrieden mit dem, was er sah; es war ein produktives Lager, das bei den Kriegsanstrengungen half. In der Nähe hatten wir sogar einen Partisanenflugplatz, von wo aus Verwundete ausgeflogen werden konnten. Für die Bewachung des Flugplatzes waren die Bielski-Partisanen zuständig. Bielski bekam von den Piloten viele moderne Waffen, er tauschte kiloweise Wurst dafür ein. Um diese Zeit kam auch ich an ein Gewehr.

Seit Mitte 1943 hatten die Partisanen großen Zulauf, darunter viele junge Männer, die bereit waren, für die Befreiung ihres Landes gegen die deutschen Mörder zu kämpfen, die töteten, vergewaltigten und alles auf ihrem Weg zerstörten und junge Männer und Frauen zur Zwangsarbeit nach Deutschland verschleppten. Die Deutschen schleusten jedoch auch einige Spione in die Reihen der Partisanen ein.

Anfang Juli 1943 zogen die Deutschen viele Armee- und SS-Einheiten in der Gegend um Nowogródek zusammen, während die Partisanen in den dichten Wald von Nalibocka zurückwichen. Die Deutschen brachten immer mehr Truppen in das Gebiet von Mołodeczno-Lida, Dsershinsk, Stołpce, Nowogródek und Baranowicze. Laut Aufzeichnungen der weißrussischen Partisanenbewegung schafften die Deutschen 52.000 Frontsoldaten, einschließlich SS und lokaler Polizei, heran. Die deutsche Offensive begann am 13. Juli und dauerte bis zum 8. August. Sie trug den Namen *Unternehmen Hermann*, ihr Ziel war die Vernichtung der Partisanen im Gebiet Nowogródek, Lida, Iwieniec und Nalibocka.

Anfangs arbeiteten die Partisanen miteinander zusammen und blockierten die Straßen, um die deutschen Lastwagen und Panzer am Vordringen in den Wald zu hindern. Als vom Führungsstab der Befehl kam, gemeinsam zu kämpfen, schickte Bielski 200 Kämpfer an die Front. Als die Truppen beisammen waren, stellte sich heraus, dass die Partisanen mittlerweile hohe Verluste erlitten hatten. Als die Kommandeure die Stärke des deutschen Aufgebots erkannten, befahlen sie den Einheiten, dem Kampf auszuweichen. Alle Gruppen sollten eigenständig agieren und sich gegebenenfalls vor dem Feind zurückziehen. Es war die richtige Entscheidung. Der russischen Abteilung fiel der geordnete Rückzug leicht, denn sie konnte bei ihren Bewegungen um die deutschen Positionen herum mit der Hilfe der Bevölkerung rechnen. Für die Bielski-Gruppe hingegen brachte der schnelle Rückzug wegen der vielen Alten und Kinder große Probleme mit sich, so dass es wahrscheinlich eine Katastrophe mit sich gebracht hätte, den Russen zu folgen. Die Bielski-Brüder blieben ruhig, obwohl die Deutschen nicht weit weg waren und die Gegend unter Sperrfeuer nahmen. Miłaszewski von den mit den Bielskis benachbarten polnischen Partisanen besuchte Tuvia, um sich von ihm zu verabschieden und ihm Mut zu wünschen. Polnische und russische Partisanen rieten Tuvia, sich schnell zu bewegen, weil die Deutschen in der Nähe wären und seine Position mit Sicherheit schon am nächsten Tag erreichen würden, aber Bielski wusste, dass er einen anderen Weg nehmen musste.

Langsam machte sich Panik breit. Tuvia flehte die Leute an, nicht den Kopf zu verlieren und zusammenzubleiben. »Ihr müsst mir zuhören! Ich bringe euch hier lebend raus!«, sagte er.

Zwei Partisanen, Michael Mechlis und Akiva Schimonovitz, machten Tuvia den Vorschlag, die Sümpfe zu durchqueren und zu einer kleinen Insel namens Krasnaja Gorka zu marschieren. Sie waren sich sicher, dass die Deutschen nicht in die Sümpfe gehen würden. Mechlis war vor dem Krieg Förster gewesen und kannte den Wald gut, und Schimonowitz war Krämer in der Nalibocka-Gegend und kannte die Abkürzungen im Wald.

Sofort befahl Bielski, die Kühe und Pferde loszubinden. Er ließ die Essensvorräte aufschließen, so dass jeder so viel Brot, Mehl, Bohnen und Getreide wie möglich in seinem Gepäck mitnehmen konnte. Er ließ alle in einer langen Reihe aufstellen und erklärte, dass sie in die Sümpfe marschieren würden. Sobald sie dort ankamen, müssten die Erwachsenen die Kinder auf ihren Schultern tragen, und die Älteren müssten den Jüngeren mit einem Seil angebunden werden, und die Gewehre müssten trocken bleiben.

Mechlis und eine Handvoll bewaffneter Männer gingen voran, gefolgt von Familien mit Kindern. Sie gingen zu Fuß in den Sumpf, der mit jeder Minute tiefer wurde. Es dauerte über eine Stunde, einen einzigen Kilometer zurückzulegen, sodass viele Pausen eingelegt werden mussten. Die Insel war etwa zehn bis zwölf Kilometer weit entfernt; sie gingen, wie befohlen, langsam und still weiter. An ihren Köpfen flogen Kugeln vorbei, sie hörten deutsche Schreie, aber die Gruppe ging immer tiefer in den Sumpf und immer weiter weg von den Deutschen. Sie mussten sich oft ausruhen, lehnten sich an Büsche und schliefen ein. Tuvia bat sie, nichts zu essen, weil die Vorräte noch lange halten mussten. Nach einem langen Marsch durch den Sumpf erreichten wir das ›Paradies‹, die Insel Krasnaja Gorka, wo es trocken war, sonnig und der Feind in weiter Ferne. Bei der ersten Zählung fehlten noch einige, aber nach einer Suche in der Umgebung wurden alle gefunden. Man konnte aus einer weiten Entfernung Schüsse hören und Artilleriegranaten flogen über unsere Köpfe hinweg. Wieder flehte uns Bielski an, still zu sein: Selbst wenn eine Granate in der unmittelbaren Nähe explodierte, müssten wir die Ordnung aufrechterhalten, sonst wären wir verloren.

Nach wenigen Tagen wurde das Essen langsam knapp. Manche aßen Gras und tranken Wasser aus dem Sumpf, wovon sie krank wurden. Nach sechs Tagen wurde es still. Tuvia schickte seinen Bruder Zus und

80 bewaffnete Männer hinaus, um nach Essen zu suchen und die allgemeine Lage zu erkunden.

Zus kehrte am nächsten Tag mit wunderbaren Neuigkeiten zurück. Er hatte die Deutschen gesehen, wie sie ihre Sachen packten und ihren Stützpunkt aufgaben. Die Dörfer standen in Flammen. Er brachte etwas Essen mit, es wurde verteilt und die Abteilung in kleinere Gruppen aufgeteilt, um den Sumpf zu verlassen, Essen zu suchen und sich schließlich am alten Stützpunkt zu treffen. Während dieser großen Jagd auf Partisanen, die – laut der Enzyklopädie *Weißrussland im Großen Vaterländischen Krieg 1941–1945*, erschienen in Minsk, 1990, – 35 Tage dauerte, wurden 130 Partisanen getötet und 50 verwundet. Die Faschisten brachten 4.280 Zivilisten um; 654 verhafteten Gestapo und SD, 20.944 Menschen wurden nach Deutschland verschleppt, darunter 4.173 Kinder, und über 150 Dörfer abgebrannt, nicht selten zusammen mit den Einwohnern, unter ihnen Delatycze und Kupisk in der Umgebung Nowogródeks.

Die Bielski-Abteilung erlitt überhaupt keine Verluste.

Sorins Abteilung verlor einige Mitglieder, aber die Einheit selbst überlebte. Ich glaube, dass die russischen Zahlen nicht zutreffend sind und dass es mehr Todesopfer gab als die erwähnten 130.

Im Wald hatten die jüdischen Partisanen einen anderen Feind – die Weißpolen. Ihre Losung lautete »Polen ohne Juden und Kommunisten«, und viele Juden, die aus den Ghettos fliehen konnten, wurden von ihnen ermordet.

Unternehmen Hermann war die letzte große deutsche Offensive gegen die Partisanen im Gebiet Nowogródek-Lida.

Wir hörten die guten Nachrichten über die Eröffnung der Zweiten Front. Anfang 1944 wies Moskau alle Partisanengruppen an, deutsche Züge in die Luft zu sprengen, um die Deutschen daran zu hindern, Nachschub zur Front zu bringen.

Die Bielski-Gruppe beteiligte sich aktiv am Kampf gegen den Feind und führte mehrere Sabotageaktionen durch, darunter die Zerstörung von sechs Brücken und zahlreicher Telegraphenmasten. Innerhalb von sechs Monaten hielten die Bielski-Kämpfer 1944 den deutschen Zugverkehr für insgesamt 51 Stunden auf, was eine große Leistung war. Während alle Partisanengruppen dem Namen ihrer Einheit nach bekannt waren – zum Beispiel *Stalin* oder *Oktober* – nannte man die Bielski-Gruppe immer *Bielski* und nicht *Kalinin*; da ich Dokumente vom Hauptquartier besitze, kann ich bezeugen, dass dies tatsächlich so war.

Am 22. Juni 1944 morgens um vier Uhr, genau drei Jahre, nachdem die Nazis ihren furchtbaren Krieg gegen Russland begonnen hatten, begann die Rote Armee ihre große Offensive an der Weißrussischen Front. Am 3. Juli wurde Minsk befreit. Wenn wir uns auf den Boden legten, konnten wir bereits die Artillerie hören. Wir bereiteten uns auf den Kampf vor, da wir wussten, dass die Deutschen bei ihrem Rückzug den Wald durchqueren würden. Tatsächlich brach einmal eine große deutsche Gruppe die Linie unserer Verstärkungen durch. Leider wurden zehn unserer Mitglieder getötet.

Am nächsten Tag hörten wir, dass die russische Armee in Nowogródek war. Wir waren froh, dass der Albtraum vorbei war, waren aber dennoch furchtbar traurig. Wir würden nicht ins Unbekannte zurückkehren, weil wir alle wussten, was wir in Nowogródek vorfinden würden – eine zerstörte Stadt ohne Juden und ohne die Menschen, die wir vor dem Krieg gekannt hatten. Vielleicht würden die Bewohner froh sein, dass wir überlebt haben und uns auf Weißrussisch fragen: »Aty jeschtscho schiwiosch?« (»Du bist noch am Leben«?)

Es fiel der Beschluss, nach Nowogródek zurückzukehren. Bielski verlangte von uns, geschlossen und geordnet aus dem zu Wald gehen und durch die Dörfer und die kleinen Städte zu marschieren. Und so war das auch. Ich legte die 100 bis 120 Kilometer nach Nowogródek ohne Schwierigkeiten zurück und dank Tuvia, Zus, Asael und Archik Bielski, kamen am 16. Juli 1944 1.230 Juden am Stadtrand an. Wir sollten erst am nächsten Tag in die Stadt hineingehen. Niemand sprach oder lachte oder sang, obwohl wir frei waren. Wir waren alle traurig.

Am nächsten morgen bekamen wir Dokumente ausgehändigt, dass wir Mitglieder der *Kalinin*-Partisaneneinheit gewesen waren und wurden aus der Gruppe entlassen. Hierbei handelte Bielski gegen ausdrückliche Befehle.

Das russische System bestand darin, die Tauglichen zu mobilisieren, sie auszubilden und anschließend an die Front zu schicken. Indem er die Gruppe auflöste, schaffte Bielski für viele die Möglichkeit, sich Arbeit zu besorgen, die sie vom Armeedienst befreien konnte. Berl heuerte bei der Miliz an und war dadurch vom Wehrdienst befreit. Dennoch wurden etliche eingezogen, darunter Asael Bielski. Sie wurden an die Front geschickt, nur wenige kamen zurück. Asael fiel in der Nähe von Königsberg.

Viele junge Männer aus Nowogródek wurden auf den Schlachtfeldern getötet. Diejenigen, die es geschafft hatten, nach Russland zu entkommen, meldeten sich freiwillig für die Rote Armee und die Luftstreitkräfte, wie zum Beispiel Meyer, der mit vielen Medaillen ausgezeichnet zurückkehrte. Er stieg in den Rang eines Majors bei den Luftstreitkräften auf, wurde aber kurz vor Ende des Krieges über Budapest abgeschossen. Diejenigen, die kurz vor Ausbruch des Krieges nach Sibirien geschickt worden waren, schlossen sich der polnischen *Anders*-Armee an, die 1942 über den Nahen Osten evakuiert worden war und an der Westfront kämpfte.

In langen Kolonnen wurden deutsche Kriegsgefangene durch die Stadt geführt; sie waren ein verlotterter Haufen, nicht mehr die siegreiche Armee von früher. Ich sah einen hochrangigen Offizier unter den Männern, der schöne Stiefel anhatte, und bat den russischen Bewacher um Erlaubnis, mir die Stiefel holen zu dürfen. Der Soldat lächelte voller Zustimmung: »Bedien dich!« Ich holte den Offizier ein und sprach ihn auf Jiddisch an, das dem Deutschen ähnlich ist. Ich wollte ihn wissen lassen, dass ich Jude bin. Ich sagte ihm, er solle anhalten und mir seine Stiefel geben, weil sie zu gut für ihn wären. Dann kam ein russischer Soldat und stieß ihn mit seinem Gewehr an – der Offizier setzte sich hin und zog die Stiefel aus. Danach trug ich diese Stiefel noch eine lange Zeit; ich trug sie sogar bei meiner Ankunft in England.

BEFREIUNG

Der Anfang der Befreiung war eine sehr schwierige Zeit für mich. Am ersten Tag gab es noch eine Feldküche, wo Essen verteilt wurde, aber danach gab es kein kostenloses Essen mehr. Im Ghetto herrschte furchtbarer Mangel an Lebensmitteln, aber ich hatte ich immer eine Portion bekommen, aus Wohlwollen. Auch bei den Partisanen wurde ich versorgt, aber jetzt hatte sich die Lage plötzlich geändert. Berl aß bei der Miliz, aber ich musste mir langsam überlegen, wie ich über die Runden kommen sollte. In den ersten Tagen traf ich Freunde wie Schimon Eicher und Meyer Ginenski, die in einer ähnlichen Lage waren wie ich. Abends trafen wir uns, um gemeinsam Kartoffeln zu stehlen.

Am Tag kochten wir und versuchten, den Hunger in Schach zu halten. Dann fand ich Arbeit und verkaufte Limonade am Markt außerhalb der Stadt. Die Limonade machte Mikulinski, ich füllte die Flaschen in Kübel und trug sie zum Marktplatz, anderthalb Kilometer entfernt. Schon bald musste ich feststellen, dass dies nicht die beste Art war, seinen Lebensunterhalt zu verdienen.

Ich sparte 40 Rubel zusammen. Es ist schwierig, den Wert dieser Summe nachzuvollziehen, aber selbst damals war das kein Vermögen. Ich beschloss, nach Minsk zu fahren und mir einen Behindertenausweis ausstellen zu lassen, sodass ich eine Rente beantragen konnte. Reisen war nicht leicht in Russland. Man brauchte Papiere und eine Reiseerlaubnis, um überhaupt erst eine Fahrkarte kaufen zu dürfen. Da ich sowieso nicht genug Geld hatte, machte ich mir um die Dokumente herzlich wenig Gedanken.

Die Reise war lang und sehr anstrengend. Ich kam zum Partisanenhauptquartier, wo sie meinen Namen auf ihrer Liste fanden und mir ein Dokument ausstellten, dass ich Soldat der *Kalinin*-Abteilung gewesen sei, sowie einen Brief, mit dem ich mich in Nowogródek medizinisch untersuchen lassen konnte.

Das Hauptquartier war etwa drei Kilometer vom Minsker Stadtzentrum entfernt. Als ich in die Stadt zurücklief, sah ich eine lange Schlange. Ich stellte mich hinten an, ohne zu wissen, was verkauft wurde. Vorne angekommen, sah ich, dass sie Zündstein für Feuerzeuge verkauften. Ein Stück kostete einen Rubel, und pro Person konnte man höchstens 20 Stück kaufen. Ich kaufte die 20, fuhr nach Nowogródek zurück und verkaufte sie am Markt für 400 Rubel. Am nächsten Tag ging ich zur Behindertenkommission und sorgte dafür, dass ich eine Behindertenrente zweiter Klasse in Höhe von monatlich 120 Rubeln bekam.

Nun sahen die Dinge etwas rosiger aus. Ich begann, Handel zu treiben, indem ich Butter und andere Waren am Markt von Nowogródek kaufte und sie in Zügen, die verwundete Soldaten von der Front in die Heimat transportierten, nach Minsk mitnahm. Die Reise ging zuerst mit der Schmalspurbahn nach Nowojelnia, von dort aus mit dem Güterzug weiter nach Baranowicze, und von Baranowicze mit dem Personenzug nach Minsk. Als ich zum ersten Mal versuchte, mit meinem Behindertenausweis in den Zug zu steigen, schaute der Militärpolizist in der Tür auf meine Füße und Hände, und befahl mir grimmig, wegzugehen. Ich ging zum nächsten Wagen. Da ich einen langen Armeemantel trug, zog ich meinen rechten Arm in den Ärmel hoch und zeigte meinen Behindertenausweis mit der linken. Man hat mir sofort geholfen, in den Zug zu steigen.

Und so wurde ich Schwarzhändler. Das war der einzige Weg, der mir einfiel, wie ich meinen Lebensunterhalt verdienen könnte. Ich handelte mit allen möglichen Waren, aber vor allem mit Militärstiefeln und später mit allem, wonach es Nachfrage gab, mit Hefe, woraus man Wodka machen konnte, und Gold für Leute, die Russland verlassen wollten. Bei meinen Reisen kam ich bis nach Moskau und Lemberg.

Eines Tages lernte ich auf dem Marktplatz in Minsk zwei junge Männer, die Kaplan-Brüder, kennen. Sie arbeiteten in einer Schuhfabrik und wohnten in der Nachbarschaft. Ich brauchte eine Unterkunft, und sie waren freundlich genug, mich auf dem Fußboden ihrer Wohnung schlafen zu lassen, und das wurde zu meinem ›Hotel Ritz‹ in Minsk, nicht nur für mich, sondern auch für meine Freunde, die ich mitnahm.

An einem Sonntag kam ich zum Mittagessen dazu und sie haben mir Natascha, die Cousine der Kaplan-Brüder, vorgestellt. Natascha war Offizierin der Roten Armee und sehr hübsch, etwa 22 und alleinstehend. Ich fragte sie ein wenig aus, ob sie verheiratet sei und so weiter, und sie gefiel mir sehr. Ich schlug ihr vor, mit mir nach Nowogródek zu fahren, da ich dort einen höchst geeigneten Junggesellen kannte, der bestimmt gern heiraten würde.

Am nächsten Tag fuhr ich mit meinen üblichen Waren nach Nowogródek zurück und kam ohne Probleme zu Hause an. Ich ging sofort rüber zu Lionke Portnoy, erzählte ihm von Natascha und sagte ihm, dass ich sie das nächste Mal mitbringen könnte. Er bedankte sich, und wir verabschiedeten uns.

Etwa einen Monat später besuchte ich die Kaplans erneut. Natascha war für einen dreiwöchigen Urlaub da. Ich fragte sie noch einmal, ob sie mitkommen wollte, um Lionke kennenzulernen. Sie sagte zu, und nachdem meine Geschäfte in Minsk erledigt waren, fuhren wir mit dem

Zug in Richtung Nowogródek. Wir kamen am Abend in Nowojelnia an. Es war bitterkalt. Der Bahnhof war voll von verwundeten Soldaten, es war der dritte Tag nach der Offensive der Roten Armee gegen Warschau im Januar 1945. Es war so kalt, dass die kleine Schmalspurbahn nicht fahren konnte. Die Verwundeten schrien vor Kälte.

Wir schliefen auf dem Steinboden des Bahnhofs. Bei Tagesanbruch beschlossen wir, die 21 Kilometer nach Nowogródek zu Fuß zurückzulegen, da es in der Nacht einen Schneesturm gegeben hatte und die Schienen bedeckt waren. Der Abendzug stand noch immer da und die Verwundeten warteten noch immer in den Waggons.

Wir liefen fast den ganzen Tag und konnten die Straße nicht sehen, aber letztendlich kamen wir doch irgendwie an. Ich nahm Natascha auf mein Zimmer mit und stellte sie Lionke vor. Irgendetwas ging wohl schief, weil sie mich ein paar Tage später fragte, wann ich wieder nach Minsk fahren würde. Da wusste ich, dass die Reise reine Zeitverschwendung für sie gewesen war.

Und damit war meine Laufbahn als Heiratsvermittler beendet. Wenn ich jetzt zurückdenke, glaube ich, dass ich mit 16 zu jung für diesen Beruf gewesen war!

Einmal auf der Rückkehr von einer Reise belauschte ich einen Bauern, wie er einem anderen erzählte, mein Onkel Notke Sucharski sei an einer Magenkrankheit gestorben. Der Mann, mit dem er sprach, kam mir bekannt vor. Er war einer der Wolkin-Brüder. Die Wolkins waren eine große Friseurfamilie; einer der Brüder schnitt mir immer die Haare. (Auf meiner ersten Reise nach New York 1955 überraschte ich ihn in seinem Friseursalon.) Er war kurz zuvor aus einem russischen Gefängnis in Sibirien entlassen worden, nachdem er vier Jahre dort gesessen hatte, ohne zu wissen, warum. Es wurde nie offiziell Anklage gegen ihn erhoben. Er sah aus wie ein Skelett.

Ich wollte in die Schule zurück, aber das sollte nur ein Traum bleiben. Ich ging zwei Tage dorthin und musste dann aufgeben, weil ich Hunger hatte und niemand für mich sorgen konnte. Berl war auch traurig, weil seine Arbeit darin bestand, Kollaborateure zu verfolgen. Er trank viel, und oft musste ich ihn ins Bett bringen. Und dann, aus dem Nichts, hörten wir von unserem Cousin Leiser, er war in Samarkand, in Usbekistan.

Ich dachte über die Zukunft nach. Ich wusste, dass ich früher oder später verhaftet und eingesperrt würde, wenn ich auf dem Schwarzmarkt weitermachte (Schwarzhandel war ein schweres Vergehen und falls dessen angeklagt, drohten mir fünf Jahre; zum Vergleich: Für Diebstahl hätte ich nur drei Monate bekommen).

Ich war erst 16 Jahre alt und sollte vielleicht darüber nachdenken, einen Beruf zu erlernen. Einmal ging ich die Poststraße entlang und sah einen Aushang, dass man sich an einer Schule für Kriegswaisen einschreiben konnte. Ich meldete mich, erklärte dem Verantwortlichen, dass ich Waise war und nur ganz wenig Schulbildung hatte und die beworbene Spezialschule besuchen wollte. Er hielt mir einen ganzen Vortrag darüber, dass das Land Ingenieure und andere gute Fachleute brauche und er alles Nötige in die Wege leiten würde, und ich unterschrieb.

Am nächsten Morgen kam Berl von der Arbeit zurück und schrie mich an, dass ich verrückt geworden sei. Er erzählte von einem Aushang beim Polizeirevier, dass Bergarbeiter für die Kohlebergwerke in Swerdlowsk gesucht wurden und dass mein Name ganz oben auf der Liste derer sei, die sich freiwillig gemeldet hatten.

Ich machte mir keine Sorgen. Nach wenigen Tagen bekam ich meine Einberufungsunterlagen und die Leute, die für die Armee der Arbeiter vorgesehen waren, wurden mobilisiert. Ich konnte mich an eine Müllhalde in der Nähe des Marktplatzes erinnern. Ich suchte dort ein wenig herum und fand einen zerfetzten Gummischuh, brachte ihn nach Hause und wusch den Dreck weg. Am nächsten Morgen ging ich ins Kinogebäude zur Kommission, ich hatte den Gummischuh mit einer Schnur um meinen rechten Fuß gebunden. Der Arzt forderte mich auf, den Schuh auszuziehen und das tat ich. Er schaute mich an und bedankte sich mehrere Male, dass ich mich freiwillig für die Bergwerke im Ural gemeldet hatte, aber leider könne er es mir nicht erlauben, würde aber den Behörden den Vorschlag machen, mir einen besonderen Brief des Dankes zu schicken. Dies war das erste und das letzte Mal, dass ich mich für irgendetwas freiwillig gemeldet habe.

Eines Morgens war ich in Minsk in der Nähe des ›Dom Sowjetow‹ [Haus der Sowjets]. Dort stand ein sehr großer Matrose und brüllte: »Bij shidow, spasaj Rossiju!« [»Schlag die Juden und rette Russland!«]

Natürlich, er war besoffen und die Leute gingen an ihm vorbei, ohne ihm Beachtung zu schenken. Aber ich war furchtbar traurig und traf auf der Stelle die Entscheidung, Russland zu verlassen.

Juden und Polen, die vor dem Krieg in Polen lebten, konnten sich registrieren lassen, um aus Russland nach Polen auszureisen. Ich kam nach Hause, unterhielt mich mit Berl und auch er war der Meinung, dass wir gehen sollten. Für ihn würde es schwierig werden, da die Miliz Teil des NKWD war und auf Fahnenflucht die Todesstrafe stand.

Ich hatte irgendwo über eine Verordnung Stalins gelesen, dass nun, da der Krieg vorbei war, Männer und Frauen mit über zehn Jahren Schulbildung aus ihrer Arbeit entlassen werden sollten, damit sie die Universität besuchen konnten. Berl hatte die entsprechenden Papiere. Ich nahm sie an mich und fuhr zur Universität Minsk, stellte mich als Behinderter und Freiwilliger bei den Partisanen gleich an die Spitze der Schlange. Wegen dieser Privilegien wurde ich zum Dekan vorgelassen, dem ich erklärte, alle Familienmitglieder verloren zu haben und dass mir nur mein Cousin blieb und dass er weitere Bildung benötige, um mich versorgen zu können. Er fragte mich regelrecht aus, aber am Ende hatte ich einen Brief an den NKWD in der Tasche, der seine Entlassung verlangte und seine Aufnahme an der Universität bestätigte.

Wir erhielten einen Brief von Leiser, er wollte Samarkand verlassen und nach Nowogródek kommen. Ich fuhr nach Baranowicze, um Herrn Buchman aufzusuchen, der mit einer Tochter von Frau Kirsner verheiratet war, einer guten Freundin von uns aus Nowogródek. Vor dem Krieg war Herr Buchman Direktor einer Textilfabrik und Mitglied der Kommunistischen Partei in Nowogródek. Er erinnerte sich an meine Eltern und freute sich, dass ich noch am Leben war. Ich fragte ihn, ob er einen Brief an die Behörden aufsetzen könnte, um Leiser und seine Frau Michle aus ihren Stellen befreien zu lassen mit der Begründung, dass Leiser bei der Fabrik in Baranowicze als Spezialist benötigt wurde. Er war sehr freundlich und schrieb das Gesuch. Als sie den Brief in Samarkand erhielten, fügte ein Fälscher noch weitere Namen hinzu – Michles Schwester Miriam und ihren Mann Jisrael Ganz. Bald darauf fuhr ich nach Nowojelnia, um sie abzuholen. Und nicht lange danach sprachen wir darüber, dass wir Russland verlassen wollten, und Leiser teilte unsere Meinung.

Leiser hatte seinen Namen in Russland geändert, sodass es für ihn sehr kompliziert war, offizielle Dokumente zu bekommen. Um diesem Problem auszuweichen, gingen Leiser und Berl nach Zdzięcioł, wo ein Fälscher Papiere für sie anfertigte, damit sie Russland verlassen konnten. Wir verließen das Land im September 1945, in einem Sonderzug für Polen und Juden, die die Sowjetunion verlassen wollten. Es dauerte fünf Wochen, bis wir das polnische Lodz erreichten.

In Lodz dachte ich, dass ich ein wenig Handel treiben würde. Ich wurde gleich am zweiten Tag verhaftet und dann freigelassen, hatte aber das Gefühl, verfolgt zu werden, und ich beschloss, auch aus Polen zu verschwinden. Ich nahm einen Zug nach Stettin. Dort auf dem Bahnhof traf ich Bakst und seine Frau Lola Epstein aus Nowogródek. Sie wollten nach Berlin. Ich hatte eine russische Armeeuniform an. Wir gingen vor den Bahnhof und ich kaufte eine Flasche Wodka. Gegenüber dem Bahnhof war ein Armeestützpunkt der Russen. Ich ging zum diensthabenden Offizier und fragte ihn, was sein Ziel war. Er sagte Berlin. Ich erzählte ihm, dass wir dort unseren Bruder im Krankenhaus besuchen müssten und ob sie uns mitnehmen könnten. Der Wodka war unsere Fahrkarte.

Wir kamen ohne Probleme in der Nacht in Berlin an. Danach trennten wir uns, aber ich weiß nicht mehr, warum. Alles, was ich dabei hatte, waren vier goldene Zehn-Rubel-Münzen in meinen Stiefeln, ein Handtuch und ein großes Stück altes Brot. Ich übernachtete in einer Unterführung. Ich zog den Armeemantel aus – er war grau wie die Jacken der Kanadier – riss alle Armeeknöpfe herunter, weil ich nicht von der russischen Militärpolizei angehalten werden wollte und ging Richtung Brandenburger Tor. Als ich dort ankam, fand ich am Potsdamer Platz einen Markt. Ich sprach ein paar Juden an und sie schlugen mir vor, den Russischen Sektor zu verlassen und in den Westen zu gehen. Ich nahm die S-Bahn, fuhr in den Amerikanischen Sektor und lief zum Flughafen Tempelhof. Der Flughafen war voller Menschen: Ukrainer, Polen, Jugoslawen, alle Nationalitäten aus Europa, die sich bei der UNRRA [*United Nations Relief and Rehabilitation Administration,* die Nothilfe- und Wiederaufbauverwaltung der Vereinten Nationen] meldeten, um Berlin zu verlassen. Als ich die vielen Menschen sah, wurde mir mulmig. Ich ging zu einer jiddisch sprechenden Gruppe und hörte ihrer Unterhaltung zu. Einer von ihnen sagte, dass er nicht warten, sondern zur Autobahn laufen und versuchen würde, per Anhalter zu fahren. Ich schloss mich ihm an. Wir verließen den Flughafen und liefen zur Autobahn. Große, voll beladene amerikanische Lastwagen fuhren in die Stadt hinein, leere fuhren zurück. Wir gingen weiter, und ich sah eine Krümmung der Straße und mir wurde klar, dass die Lastwagen an dieser Stelle abbremsen mussten. Hier könnte man am ehesten an einen Laster springen. Wir sprangen beide auf dasselbe Fahrzeug, und es überraschte uns, dass der Fahrer hinter uns nicht hupte. Wir kamen zur Grenze und versteckten uns unter der Abdeckplane. Als wir hörten, wie der russische Grenzsoldat sagte, dass er hinten nachsehen würde, krochen wir nach vorne, und so verließen wir die Russische und kamen in der Britischen Zone an.

Der LKW hielt vor Hannover. Wir liefen in Richtung Stadtzentrum, als ich eine Wasserpumpe sah und das harte Brot herausholte, Wasser darauf goss und es mit meinem neuen Freund teilte. Zu diesem Zeitpunkt wusste ich bereits, dass ich nach München wollte. Noch in Lodz hatte ich einiges über die Flüchtlingslager auf der amerikanischen Seite Deutschlands gehört. Ich wusste auch, dass ich der britischen Militärpolizei aus dem Weg gehen sollte, weil ich ohne Papiere ernsthafte Probleme bekommen würde.

Wir erreichten Hannovers Hauptbahnhof und dort waren bereits jede Menge Leute. Wir bekamen mit, dass es eine jüdische Suppenküche um die Ecke gab, und so hatten wir ein wenig Ruhe und etwas Suppe. Ich kaufte mir ein kleines Laib Brot, schnitt es in zwei Stücke, ein Stück für jede Tasche, und schaffte es zusammen mit meinem Freund, einen Zug nach Frankfurt am Main zu besteigen. Unterwegs wichen wir ständig der Militärpolizei aus. Am Ende erreichten wir den Hauptbahnhof Frankfurt.

Chaos! Totales Chaos! Tausende warteten auf einen Zug nach München, und selbst einen Platz zum Stehen zu finden war schwer. Ich weiß nicht, wie lange wir auf dem Bahnsteig standen. Schließlich kam ein Zug und alle drängelten sich vorwärts und ich wurde dabei von meinem Freund getrennt. Für mich gab es keinen Platz mehr an Bord. Der Zug war so voll, dass sie die Türen kaum schließen konnten. Aber als der Zug vom Bahnsteig rollte, wollte ich nicht zurückbleiben und sprang auf die Stufen. Es war ein Expresszug und die Fahrt dauerte neun Stunden. Schon bald stellte ich fest, dass ich einen Fehler gemacht hatte. Ich hielt mich wie verrückt fest. Es war dunkel, und der Zug war elektrisch, von Zeit zu Zeit flogen Funken vorbei, sodass ich sah, wie tief ich fallen würde. Mir war sehr kalt, weil mein Mantel gar keine Köpfe hatte und sich wie ein Fallschirm aufblähte. Meine Hände waren ganz gefroren. Als der Zug zum ersten Mal anhielt, konnte ich sie nicht öffnen, aber jemand half. Manche stiegen aus und ich gelangte in den Wagen, der keine Sitze hatte und total überfüllt war. Ich kam in eine Ecke. Es war dunkel und ich hatte furchtbar Angst. Ich stellte mir vor, dass mich die Deutschen im Zug als Juden erkennen und töten würden.

Der Zug kam in München in den frühen Morgenstunden an. Der Bahnhof war bombardiert worden. Das Gebäude hatte kein Dach, aber es stand noch. Menschen schliefen auf dem nassen Boden. Ich war sehr müde und zog meinen Armeemantel aus, aber damit er nicht dreckig wurde, zog ich noch mein Hemd aus und legte es auf den nassen Boden, darauf dann den Mantel und schlief dann ein. Ein amerikanischer Militärpolizist weckte mich, er klopfte an meinen Fuß und forderte mich zum Aufstehen auf. Ich presste das Wasser aus meinem Hemd, verstaute es in meiner Tasche und verließ den Bahnhof.

Dann, ganz plötzlich, sah ich Ischie Oppenheim. Die Familie Oppenheim schien während dieser Zeit eine große Rolle in meinem Leben zu spielen, und auch im Leben meines Cousins Berl. Mein Cousin floh mit Ischie Oppenheim. Als sein Bruder Ruwke im Lager erschien, bin ich mit dem geflohen, und jetzt, da ich in München war, traf ich wieder Ischie. Die Familie Oppenheim war in Nowogródek bekannt, sie verkauften Fahrräder und Schreibmaschinen, und ich kannte Ischie Oppenheim von früheren Zeiten her, und, natürlich, aus der Zeit mit den Partisanen.

Wir waren beide eine Weile vor Freude erstarrt. Er nahm mich mit zum Deutschen Museum. Dort gab es eine Suppenküche, und dort war auch Josef Boldo. Boldo stammte aus Lubcz, und ich kannte ihn aus der Zeit mit den Partisanen. Wir stellten uns an und bekamen etwas Suppe. Ich aß alle drei Portionen auf. Ischie und Josef waren nun Partner bei einem kleinen Busunternehmen. Sie nahmen mich mit nach

Föhrenwald, zum Displaced Persons [DP-]Camp. Es war der 31. Oktober 1945. Ischie nahm mich mit zu sich nach Hause, wo mir Frau Oppenheim etwas zum Essen gab und ich mein erstes Bad nahm, seit ich Russland verlassen hatte. Frau Oppenheim gab mir Kleider von Ruwke, sodass sie meine waschen konnte. Ich hätte zu keinem günstigeren Zeitpunkt ankommen können, denn Neuankömmlinge wurden stets am ersten Tag des Monats registriert.

Am nächsten Tag ließ ich mich registrieren und bekam ein UNRRA-Paket ausgehändigt. Ich fand heraus, dass Pesach Abramowitz und noch einige andere Freunde von mir in Landsberg am Lech waren. Nach dem Mittagessen zog ich wieder meine eigenen Kleider an, bedankte mich bei den Oppenheims und reiste weiter nach Landsberg am Lech. Ich kam noch rechtzeitig zur Registrierung an und bekam ein weiteres Paket. Ich war wieder ein reicher Mann. Ich fand meine Freunde Pesach und Tevele und wir trugen ein zusätzliches Bett in ihr bereits überfülltes Zimmer, aber keiner sagte etwas. Ich trat dem Kibbuz der ehemaligen Partisanen bei.

Es war sehr langweilig in Landsberg. Der Partisanenkibbuz war gut organisiert, wir hatten eine gute Unterkunft, und, was am allerbesten war, wir hatten unsere eigene Küche. Irgendwie schafften es die Organisatoren des Kibbuz immer, zusätzliche Quellen zu erschließen. Essen war der Mittelpunkt unseres Lebens.

Zu dieser Zeit hatte das Lager etwa 5.000 Einwohner, es gab viele Kibbuzniks. Die meisten wollten nur nach Palästina. Auch hier hatte der Partisanenkibbuz eine Vorrangsstellung.

Wenige Tage nach meiner Ankunft verließ eine Gruppe von 20 Personen das Lager, um über illegale Wege nach Palästina zu gelangen, und später hörten wir, dass sie dort sicher angekommen waren. Mein Freund Pesach Abramowitz und Tevele brachen mit einer anderen Gruppe auf. Sie wurden erwischt und in einem Lager bei Atlit in Palästina gefangen gehalten.

Ich konnte mich an das Leben in Landsberg nicht gewöhnen. Die Langeweile war furchtbar. Schließlich erfuhr ich, dass die Führung des Kibbuz einen deutschen Bauernhof erworben hatte, um seinen Mitgliedern Landwirtschaft beizubringen. Ich beschloss, Landsberg vorübergehend zu verlassen und lieber dorthin zu ziehen.

Der Hof war in Hübschenried, nicht weit von Riederau am Ammersee, etwa 50 Kilometer von München entfernt. Es war ein wunderbarer Ort, mit einem großen Haus, und es gab reichlich zu essen. Es war schön, morgens in aller Frühe aufzustehen und auf den Feldern oder bei den Kühen zu arbeiten. Wir waren eine sehr angenehme Gruppe von etwa 30 jungen Männern und Frauen, allesamt Überlebende aus diversen Partisanengruppen.

Meine Füße machten mir immer größere Sorgen. Es kam soweit, dass ich nicht mehr laufen konnte, und kleine Knochenstücke bohrten sich durch die Haut. Ich fuhr ins Krankenhaus nach Landsberg, wo mich der Arzt untersuchte und gleich dort behielt. Sie operierten mich am nächsten Tag.

Während ich im Krankenhaus lag, rief ein Freund an, dass ein Paket aus Amerika für mich angekommen war. Da ich niemanden dort kannte, glaubte ich ihm nicht, aber ich sagte ihm, er könne das Paket für mich abholen. Es war ein zwanzig Kilo schweres Paket mit Schokolade, anderen Lebensmitteln und Zigaretten – damals eine wertvolle Währung. Es wurde von Frau Adell geschickt. Sie schrieb, dass sie meine Eltern gekannt und gehört hatte, dass ich noch am Leben sei. Dieses Paket baute mich sehr auf; es war genau das, was ich brauchte. Und es brachte mir die wichtigste Lehre im Leben bei: die Bedeutung vom Geben und von Großzügigkeit. Ich war sechs Wochen im Krankenhaus und verließ es auf Krücken. Mehrere Wochen lang hatte ich Schmerzen.

Ich erfuhr, dass Berl im DP-Camp in Bad Reichenhall war und nahm Kontakt mit ihm auf. Er kam zu Besuch und ich erzählte von Leiser und Michle, die es geschafft haben, Affidavits zu erhalten (eidesstattliche Versicherungen, die für die Weiterreise benötigt wurden) und nun in Palästina waren, und dass ich meine Cousine Rachel in London ausfindig gemacht habe, wo sie geheiratet hatte und Mrs. Koenigsberg hieß.

Die meisten meiner Freunde hatten bis dahin Landsberg verlassen, um in illegalen Konvois nach Palästina zu gelangen. Viele waren in Lagern auf Zypern, nachdem sie von den Briten abgefangen worden waren.

Mir ging es langsam viel besser. Die Operation hatte geholfen und ich konnte ohne Schmerzen laufen. Ich besuchte Berl in Bad Reichenhall, er war dort Mitglied im Kibbuz *Hashomer Hatzair*. Ich erfuhr, dass der gesamte Kibbuz illegal nach Palästina wollte. Ich wollte mit und ließ mich registrieren. Drei Wochen später wurde ich aufgefordert, nach München zu einer Gesundheitskommission zu fahren. Leider untersagte mir der Arzt die geplante Reise.

Ich verabschiedete mich von Berl und meinen Freunden und kehrte nach Landsberg zurück. Davor hatte ich Rachel angeschrieben, ob sie mir helfen könne, nach London zu kommen. Mein Ziel war, Palästina zu erreichen, und ich glaubte, dass der beste Weg dorthin über London führte. Rachels Mann Sam schrieb dem Hohen Kommissar in Berlin und innerhalb kurzer Zeit bekam ich die Reiseerlaubnis.

Am 18. Juni 1947, während ich mit Grippe im Bett lag, wurde ich benachrichtigt, dass ich mich am nächsten Tag in der Münchner Funkkaserne melden müsse, um meine Reise anzutreten. Die Funkkaserne war der Ort, wo Flüchtlinge gesammelt wurden, bevor sie in andere europäische Städte geschickt wurden. Obwohl es sehr heiß war, hatte ich meinen Armeemantel und meine Armeestiefel an, und es ging mir sehr schlecht. Wir fuhren im Viehwaggon in die Französische Zone und bestiegen dort einen Personenzug nach Paris.

Am nächsten Tag waren wir dort. Wir waren unter Aufsicht des amerikanischen Joint [*Joint Distribution Committee*, eine jüdische Hilfsorganisation]. Sie führten uns zu einer großen Halle in der Nähe des Sacré-Coeur und wir bekamen Mittagessen. Wir waren etwa 200, und hatten verschiedene Ziele. Nur zwei wollten nach London: ein griechischer Junge namens Eli und ich. Wir mussten lange in der großen Halle warten, bis wir die nötigen Dokumente erhielten. Als es endlich so weit war, wurden wir gruppenweise in verschiedene Hotels eingewiesen. Eli und ich übernachteten in der Nähe der Pariser Oper.

Die Grippe war vorbei, es ging mir besser und ich war froh, aus Deutschland weg zu sein. Ich hatte die Adresse eines Freundes in Paris, Grischa Perlman. Wir waren zusammen in Hübschenried gewesen. Ich schickte ihm eine Nachricht und er holte mich weniger als zwei Stunden später ab. Er gab mir eine großartige Führung durch Paris.

Ich verließ Paris am 23. Juni 1947. Als ich in Newhaven ankam, wurde ich eine Stunde lang verhört, bevor man mir die Weiterreise erlaubte. Ich kam um etwa sechs Uhr abends an der ›Victoria Station‹ an, wo Sam und Rachel schon auf mich gewartet hatten.

Es war sehr bewegend: Ich hatte Rachel seit 1938 nicht mehr gesehen, neun Jahre zuvor. Seitdem war so viel passiert; Rachel hatte ihre gesamte Familie verloren und meine Anwesenheit erinnerte sie sicherlich daran.

Nach etwa drei Wochen fand Sam Arbeit für mich, ich musste Leder in einer Schuhfabrik zuschneiden. Vier oder fünf Monate lang wohnte ich bei Rachel und Sam, und ich war ihnen sehr dankbar. Dennoch, irgendwie deprimierte mich der Alltag in England. Ich konnte die Sprache nicht, die Arbeit war hart, ich musste den ganzen Tag stehen und war traurig als ich hörte, dass Berl auf der *Exodus* war. Um das Schicksal des Schiffes zu verfolgen, musste ich andere fragen, weil ich die Zeitungen noch nicht lesen konnte. Ich war wütend, als ich hörte, dass alle, die auf der *Exodus* waren, nach Deutschland zurückgeschickt worden waren.

Ich zog aus und wohnte mit einem jungen Mann namens Bruno zusammen, den ich im ›Primrose Club‹ kennengelernt hatte. Das war ein Verein, den der Central British Fund (CBF) für junge Überlebende des Holocaust gegründet hatte.

Nach drei Monaten musste ich schon wieder ausziehen. Ich verdiente lediglich drei Pfund und fünf Schilling in der Woche und konnte mir die Miete nicht leisten. Ich zog nach Stamford Hill. Dort traf ich andere, die in einer ähnlichen Lage waren. Langsam begann ich die Sprache zu verstehen und fand eine besser bezahlte Stelle, wo ich fünf Pfund und 15 Schilling in der Woche verdiente. Ich arbeitete hart und begann, Geld zu sparen.

Mein Leben war elend und traurig, aber ich konnte nichts dagegen tun. Ich wohnte im Dachgeschoss, wo das Fenster vergittert war; und auch in der Fabrik waren die Fenster vergittert. Nach Feierabend war ich so müde, dass ich nichts mehr unternehmen konnte. Ich fühlte mich wie in einem Gefängnis. Ab September besuchte ich das ›Cordwainer's College‹, um die Kunst der Schuhmacherei zu erlernen.

Mit meinem Gehalt war ich immer noch unzufrieden. Ich wusste, dass ich ausgebeutet wurde, und kündigte. Ich fand eine neue Stelle, bei der ich 15 Pfund die Woche verdiente, und da mir das Leben in England nicht gefiel, beschloss ich, so viel Geld wie möglich zu sparen, um später eine kleine Werkstatt in Israel eröffnen zu können.

Bis September 1949 hatte ich über 300 Pfund gespart. Ich kaufte eine Spezialnähmaschine und eine italienische Ausrüstungsmaschine sowie eine sehr billige Fahrkarte nach Israel. Es war schön, Berl wiederzusehen. Er hatte in Deutschland Ita geheiratet, und sie wurden in Jabiliah bei Jaffa heimisch. Ich zog bei ihnen ein, aber mein eigentlicher Plan scheiterte. Ich konnte keine Werkstatt eröffnen, weil es einen schrecklichen Mangel an Rohstoffen gab. Stattdessen arbeitete ich auf einer Baustelle. Die Arbeit war nicht schwer, aber die Regenzeit begann früh. Wenn es regnete, konnte man nicht arbeiten und wurde nicht bezahlt.

Schließlich fand ich Arbeit in einer Schuhfabrik unweit von Jaffa. Es war gute Arbeit und sie war gut bezahlt, aber Anfang April ging die Firma bankrott. Ich konnte keine neue Arbeit finden. Meine Reiseunterlagen waren nur für ein Jahr gültig und liefen am 20. April ab. Nach diesem Datum würde man mich nicht wieder in Großbritannien einreisen lassen. Ich hatte keine Wahl, ich musste zurück.

Ich kam am 19. April 1950 in Dover mit sehr wenig Geld in der Tasche an. Ich wurde verhört und einen Tag auf der Polizeistation festgehalten. Am späten Abend erlaubte man mir, den Zug nach London zu nehmen. Ich fand eine Unterkunft in Stamford Hill. Inzwischen war ich nicht mehr Mitglied der Gewerkschaft und konnte deshalb keine Arbeit mehr bei einer Schuhfabrik finden.

Um diese Zeit machte ich Bekanntschaft mit ›The Boys‹. Das war eine Gruppe junger Männer und einiger weniger Frauen, die nach dem Krieg mithilfe des CBF nach England gekommen waren. Ein Freund verhalf mir zu einer Stelle als Zuschneider in einer Handtaschenfabrik namens *Max Manufacturing.* Diese Arbeit war leicht im Vergleich zur Schuhfabrik, und es gab viel weniger Druck. Die Bezahlung war gut, und es gab sehr viele Überstunden. Innerhalb weniger Wochen stieg ich zum Leiter der Zuschneiderabteilung auf. Nach 15 Monaten kündigte ich und machte meine eigene Firma auf, die ich *Princelet Handbags Ltd.* nannte. Ich nahm einen Geschäftspartner, weil es für mich zu viel gewesen wäre, den Einkauf, die Produktion und den Verkauf allein zu erledigen. Mein Partner, Harold Mack, war jünger als ich und ein fleißiger Arbeiter.

Das Geschäft lief gut und wir eröffneten eine weitere Firma, *Hispeed Plastics.* Später verkauften wir sie wieder, und danach gründete ich noch einige erfolgreiche Firmen. Ich muss sagen, dass ich an meinen Unternehmen Freude hatte und wir mit einigen der größten Firmen Großbritanniens Geschäfte machten.

Ich lernte Barbara Steinfeld kennen, verliebte mich in sie und wir heirateten am 3. April 1955.

Unser ältester Sohn, Michael Leon, wurde am 17. Juli 1956 geboren, unser zweiter Sohn, Jeffrey David, am 12. März 1959, und am 19. Mai 1961 kam unsere Tochter Deborah Judith zur Welt. Insgesamt haben wir neun Enkel.

Ich habe am Ende ein normales Leben geführt, aber ich kann die Vergangenheit nicht vergessen. Ich bedauere, dass mir meine Jugend entging und dass ich keine Bildungsmöglichkeiten hatte. Ich freue mich über meinen Ruhestand, der mir Gelegenheit gibt, zum jüdischen Widerstand im Holocaust zu forschen und darüber zu berichten.

EIN BESUCH

Bis 1991 hatte ich kein Bedürfnis, nach Nowogródek zurückzukehren. Die Stadt war ein Ort der Tragödie und des Leids für mich.

Im April 1991 und bei anderen Besuchen nach Israel traf ich mich mit Meime Israelit, der in Nowogródek geboren wurde und den Krieg in Russland überlebte. Er erzählte mir von einer Reise, die er nach Nowogródek unternommen hatte. Als ich die Fotos der Gräber sah, beschloss ich, noch im selben Jahr selbst dort hinzufahren. Ich nahm Kontakt zu Rita Ginenskaja auf, einer Schulfreundin, die in Baranowicze wohnt.

Barbara und ich fuhren von Wilna aus nach Minsk. Es war ein kalter Tag. Ritas Sohn Sascha sollte aus Baranowicze kommen, um uns in Minsk abzuholen und nach Nowogródek zu bringen. Da er aber unterwegs zu schnell fuhr und von der Polizei angehalten wurde, verspätete er sich. Am Ende kamen wir erst um 10.30 Uhr los und um die Mittagszeit in Nowogródek an.

Ich musste schnell sein, weil unser Visum nur für einen Tag gültig war und wir noch am selben Tag wieder ausreisen mussten. Da alles anders aussah als früher, konnte ich das Gerichtsgebäude nicht finden, was bedeutete, dass ich auch die Massengräber in dessen Nähe nicht ausmachen konnte.

Wir fuhren nach Peresieka und fanden die dortigen Massengräber. Auf dem Gedenkstein stand, dass dort 5.000 sowjetische Staatsbürger von den Nazis ermordet worden waren. Ich sprach ein Gebet für die Toten, das Kaddisch, und ging anschießend zu Dr. Gordin zum Mittagessen. Gordon war vor dem Krieg Arzt in Nowogródek gewesen. Er blieb bis 1993 in Russland, ging dann nach Israel, um sich am Bein operieren zu lassen und starb dort. (Sein Sohn wohnt in Moskau.) Ich erzählte ihm, dass ich das Gerichtsgebäude nicht finden konnte. Er rief Eli Zamoschtschik an, damit der uns dorthin begleitete und zum Massengrab führte, wo die letzten 250 Juden ermordet worden waren, darunter meine Mutter und meine Schwester. Ich war unheimlich traurig, nachdem ich dort am Grab das Kaddisch sprach. Dann fuhren wir nach Minsk zurück.

Im Juni 1992 hatte ich mit Scotland Yard zu tun, es ging um Kriegsverbrecher, die in England lebten. Dadurch erfuhr ich, dass sie in Mir, etwa 30 Kilometer von Nowogródek entfernt, planten, Gedenktafeln in hebräischer Sprache an den russischen Denkmälern anzubringen. Die Gedenkveranstaltung sollte am 8. August 1992 stattfinden. Sofort machte ich mich daran, die Reise vorzubereiten. Ich rief Gordins Sohn Ralph in Moskau an und er sagte mir zu, mich in Wilna zu treffen. Ich hatte Glück, dass Ralph seinen Urlaub sowieso zur selben Zeit in Nowogródek verbringen wollte. Am 6. August kam ich nach Wilna, wo mich Ralph, seine Frau und sein Sohn abholten. Wir fuhren nach Nowogródek, übernachteten in ihrem Haus, und am nächsten Morgen riefen wir alle Juden zusammen, die noch am Ort lebten – das waren Sonia Zabelinska, Barantschuk, Zamoschtschik und Mischa Trojetski (der später, 1994, in Nowogródek ermordet wurde, sodass die Anzahl der in Nowogródek lebenden Juden weiter verringert wurde, von sechs auf fünf). Es war sehr traurig, aber diesmal war ich seelisch darauf vorbereitet gewesen.

Ralph und Mischa begleiteten mich zu allen drei Denkmälern in Skrzydlewo, Litowka und Horodziłówka, und nach Kolditschewo. Am nächsten Morgen fuhren wir erneut nach Litowka. Auf den Tag genau waren 50 Jahre seit dem zweiten Massaker vergangen. Ich weinte ein wenig, sprach das Kaddisch und reiste nach Mir ab. Dort traf ich Bekannte, aber auch Mr. Lloyd und Mr. Chapman von Scotland Yard. Ich wurde auch vom Bürgermeister empfangen und nach den Feierlichkeiten fuhren wir nach Nowogródek. Am nächsten Tag, kurz bevor ich nach Wilna fahren wollte, ging ich die Grodzenskajastraße entlang und sah, dass dort, wo früher der NKWD residierte, jetzt ein Museum war. Da es Montag war, war es geschlossen. Ich fragte Ralph, ob er am nächsten Tag das Museum besichtigen und mir sagen könnte, ob irgendetwas in Bezug auf die Juden ausgestellt war.

Sobald ich wieder in London war, rief ich ihn an und seine Antwort war, dass es da gar nichts über die Juden gab. Ich war sehr verbittert. Schließlich lebten Juden 500 Jahre dort und nun gab es keinerlei Hinweise, dass das tatsächlich jemals so gewesen war.

Ich begann eine Korrespondenz mit dem Museum und erfuhr, dass die Kuratorin eine sehr wohlwollende und verständnisvolle Frau namens Tamara Werschitzkaja war. Sie stellte den Kontakt zum Bürgermeister, Herrn Bako, her. Ich war entschlossen, alles zu tun, damit die russischen Denkmäler verschwanden und Gedenksteine an ihrer Stelle aufgestellt würden. Die Korrespondenz setzte sich bis Mai 1993 fort. Am 7. Mai war ich wieder in Nowogródek.

Dieses Mal holten mich Boris Krotin und Ralph in Minsk ab und am nächsten Tag besuchten wir die Gräber. Am Grab meiner Schwester und meiner Mutter sprach ich ein besonderes Gebet; es war der 50. Jahrestag ihrer Ermordung. Danach ging ich zu einem Treffen mit dem Bürgermeister und den Herren vom Rathaus. Tamara war auch dabei. Ich stellte meine Pläne vor und zeigte ihnen ein Bild vom Denkmal, das ich am Jüdischen Friedhof Bushey bei London fotografiert hatte und hier aufstellen lassen wollte. Ihre erste Frage war: »Wie können wir wissen, dass das, was Sie uns erzählen, korrekt ist? Wir wissen nicht, wie viele Juden hier getötet wurden.«

Tamara eilte zu meiner Rettung: »Herr Bürgermeister, Mr. Kagan schrieb mir aus England und erzählte mir, was hier während der deutschen Besatzung geschehen ist. Ich habe Zeitzeugen in einem Zeitungsartikel aufgefordert, sich zu melden, und hier sind 20 Antworten, die seine Geschichte bestätigen.«

Dann konnten wir uns über die Formulierung der Inschrift nicht einigen. Ich wollte, dass dort steht, dass die Juden ›durch die Nazis und lokale Kollaborateure‹ ermordet wurden; der Bürgermeister wollte, dass ›von Nazis und Söldnern‹ die Rede ist. Am Ende einigten wir uns auf ›Nazis und Kollaborateure‹. Am Gedenkstein beim Gerichtsgebäude sollten ein Davidstern und die Wörter »Holocaust Memorial« eingraviert werden, und das gleiche sollte in Litowka geschehen. Vorne sollte der Text auf Weißrussisch und Hebräisch, auf der Rückseite auf Englisch stehen.

Das Problem war, dass ich nicht den exakten Ort des Massengrabs kannte, aber es stellte sich heraus, dass der Bürgermeister Bescheid wusste. Er wohnte nämlich im Dorf Litowka und erzählte, dass er viele Jahre zuvor an einem verregneten Morgen auf dem Weg zur Arbeit Skelette neben der Straße gesehen hatte. Wie sich zeigte, waren in der Nacht zuvor Litauer gekommen, um das Massengrab auszurauben. Sie suchten – und fanden – Goldzähne. Sie wurden ausfindig gemacht und festgenommen. Der Bürgermeister vermutete, dass sie an den Morden beteiligt gewesen waren. Sonst hätten sie den Ort nicht kennen können.

Das größte Problem hatten wir mit dem Denkmal in Skrzydlewo. Die ursprüngliche Tafel gab die Opferzahl mit 18.000 an, aber jetzt kam ich an und sagte, dass es 5.100 gewesen waren. Das musste also heißen, dass die übrigen Opfer Polen, Weißrussen oder ›Zigeuner‹ gewesen sein mussten. Ich konnte das Denkmal also nicht einfach entfernen lassen. Nach sehr langen Diskussionen einigten wir uns darauf, zwei Denkmäler zu haben, jeweils eines auf beiden Seiten, eines für die Juden und das andere für die Nichtjuden. Wir waren alle müde und froh, eine Übereinkunft erzielt zu haben. Ich bot an, für die Kosten aufzukommen.

Plötzlich sagte Herr Bako: »Herr Kagan, wie wollen Sie das alles von England aus machen? Was meinen Sie, wo Sie sind, in England etwa? Der Steinmetz ist in Slonim und der Stein muss dann nach Nowogródek gebracht werden. Sie brauchen einen Traktor, einen Kran und wir haben nicht einmal genug Benzin.« Er dachte, er könnte mich abschrecken. Plötzlich sagte Boris, der mit dabei saß: »Wenn Herr Kagan eigens dafür aus England hierherkommen konnte, um das alles in die Wege zu leiten, werde ich alles für ihn tun.« Ich fühlte mich viel besser.

Am nächsten Morgen fuhren Boris, Ralph und ich nach Slonim und fanden einen Steinmetz – glücklicherweise einen sehr freundlichen. Vor dem Krieg hatte er jüdische Freunde gehabt. Als er hörte, dass ich vier große Denkmäler in acht Wochen brauchte und alles bis zum

8. August fertig sein sollte, versprach er, sein Bestes zu tun. Er würde am nächsten Tag in die Ukraine fahren, um Steine zu kaufen. Er nannte mir den Preis und zog davon 25 Prozent Sonderrabatt ab.

Ich flog wieder nach London, und mein Freund Roman Halter machte den Entwurf für den Steinmetz. Nachdem er fertig war, änderte plötzlich der Bürgermeister seine Meinung. Er wollte doch nur einen Gedenkstein dort haben, mit der Inschrift, dass 18.000 dort ermordet wurden, darunter 5.100 Juden. Dem stimmte ich schließlich zu und nach langen Gesprächen erlaubte er, die Wörter »Holocaust Memorial« auf der Vorderseite anzubringen.

Aus Versehen gravierte der Steinmetz auch einen Davidstern auf die Vorderseite, aber sie drückten ein Auge zu. Für den 15. August 1993 reisten etwa 70 Menschen an, aus Israel, den USA, Belgien und Australien.

Zwei der Denkmäler waren bereits am 14. fertig, nur nicht das Denkmal für Skrzydlewo. Wegen des starken Regens war ein Traktor im Schlamm steckengeblieben, und es gab keine Straße dort.

Herzl Brook organisierte die israelische Gruppe, darunter war auch Professor Mirski. Sie haben Erde aus Israel mitgebracht, um sie auf den Gräbern zu verteilen.

Ich machte mir große Sorgen, weil es in der Gruppe viele alte Menschen gab, und hoffte, dass alles gut gehen würde. Ich sorgte dafür, dass immer ein Arzt dabei war und genug Stühle vorhanden waren. Gott sei Dank wäre das gar nicht nötig gewesen. Die Gedenkveranstaltungen liefen wirklich sehr gut und es kamen auch viele Repräsentanten aus Minsk. Ein Filmteam aus London hielt das Ereignis auf Video fest. Die Stadtverwaltung stellte uns eine Halle zur Verfügung, es wurden bewegende Reden gehalten. Ich hatte Tränen in den Augen, als das Partisanenlied auf Jiddisch gesungen wurde und auch die israelische Nationalhymne *haTikwa.* Wir haben so viel verloren und überlebt. Wir gingen auch zu den Partisanenhütten im Wald, die standen noch. Es lohnt sich, eine kleine Episode zu erwähnen: Wir saßen im Hotel und schauten durch das Fenster auf den leeren Platz, auf dem früher die Synagoge gestanden hatte. Ein Mann klopfte an der Tür mit einem Paket in der Hand und sagte: »Das gehört Ihnen. Ich war nach dem Feuer in der Synagoge und sah den Davidstern dort. Ich habe ihn mitgenommen und habe immer auf den Tag gewartet, an dem jemand zurückkommen würde.« Wir packten es aus und Herzl erkannte, dass es der Davidstern aus dem Toraschrein der Großen Synagoge war. Der Mann war Pole und trug den Namen Pitkewicz.

Wir werden diesen Besuch niemals vergessen. Ich werde Boris Krotin immer dafür dankbar sein, dass er so viel Arbeit in das Projekt investiert hat; ohne ihn wäre es nicht möglich gewesen. Nach meiner Rückkehr nach London hängte ich mich sofort ans Telefon, um die Aufstellung des dritten Denkmals in die Wege zu leiten. Boris hatte viele Schwierigkeiten, und am Ende wurde sogar die Armee mit einbezogen. Ein Jude, der in Nowogródek lebte, einer, den ich nicht kannte, war bereit zu helfen. Er war aus Klezk und leitete eine staatliche Transportfirma, die auch Lastwagen hatte. Also besorgte er die Lastwagen, die Armee steuerte Arbeitskräfte bei, es wurde eine Straße gebaut und das Denkmal aufgestellt.

Im Juni 1994 kamen etwa 30 Menschen aus aller Welt in Nowogródek zusammen. Wir sprachen an allen drei Gräbern das Kaddisch. Tamara Werschitskaja richtete in der Dauerausstellung des Museums eine eigene Ecke ein, um zu zeigen, dass in der Stadt seit 1484 Juden gelebt hatten.

Ich wurde gebeten, in einer weißrussischen Schule über die Juden Nowogródeks zu reden und war sehr überrascht, dass die jungen Schüler über die Einwohner der Stadt vor dem Krieg gar nichts wussten. Sie waren ihrerseits genauso überrascht, als sie zu hören bekamen, wie viele Juden dort gelebt hatten und was mit ihnen geschehen war.

Trotz all der Trauer war ich erfreut, das erreicht zu haben, was ich am meisten wollte: Gedenksteine auf den Gräbern. Ich werde Boris Krotin und Tamara Werschitzkaja für immer dankbar sein für ihre Unterstützung.

NACHWORT

›ÜBERLEBEN IM NIEMANDSLAND‹

Jack Kagans Lebenserinnerungen entführen in eine Welt, die längst untergegangen ist. Auch wenn es den Bielski-Partisanen gelang, 1.200 Juden zu retten, das einst sehr rege jüdische Leben Nowogródeks existiert nicht einmal mehr in Spuren. Nowogródek ist ein provinzielles Städtchen in einem Land, das den Anschluss an Europa verloren zu haben scheint. Die Geschichte der Bielski-Brüder war der breiten Öffentlichkeit lange unbekannt, auch wenn sie »zu den größten jüdischen Helden überhaupt« gehören, wie es Kagan formuliert. Mit jüdischem Widerstand bringt man bis heute eher andere Ereignisse in Verbindung, zum Beispiel die Aufstände in den Ghettos oder in den Vernichtungslagern. An dieser Unwissenheit hat auch der 2008 gezeigte Film *Unbeugsam (Defiance)* mit dem James-Bond-Darsteller Daniel Craig in der Rolle des Tuvia Bielski nur wenig geändert. Dabei haben die Bielskis etwas wirklich Einzigartiges in der Geschichte des Holocaust vollbracht: Keiner anderen jüdischen Gruppe gelang es, so viele Juden zu retten, und das über einen Zeitraum von mehr als zwei Jahren hinweg, inmitten eines erbarmungslos ausgefochtenen Vernichtungskrieges.

Schauplatz des Geschehens ist eine europäische Region, deren geographische Zuordnung noch immer schwerfällt. Heute gehört das Gebiet zu Weißrussland, und nicht wenige ehemalige Partisanen sprechen stets von Weißrussland als dem Land ihrer Herkunft. Andere sprechen von Polen oder Ostpolen. Bei Jack Kagan spürt man, dass er sich gar nicht so sehr entscheiden mag: Ihm geht es um die jüdische Gemeinde von Nowogródek, die in seinem Buch als eine geschlossene Welt erscheint. Er spricht im Übrigen oft von Russland, wenn er die Sowjetunion meint, der englische Titel seines Buches lautete gar *Surviving the Holocaust with the Russian Jewish Partisans*. Die Begriffe sind also schwammig, und es lohnt sich, einen Blick auf die inneren Zustände Polens zu werfen zu der Zeit, als Kagans Geschichte beginnt.

Als am Ende des Ersten Weltkrieges die Zweite Polnische Republik ausgerufen wurde, waren die Grenzen im Fluss. Österreich-Ungarn zerfiel in seine Einzelteile, das Deutsche Reich war nach der Niederlage gelähmt, und Russland versank im Bürgerkrieg. Neue Rivalen wie Litauen oder die ukrainische Nationalbewegung waren indes noch ausgesprochen schwach. Polen bot sich plötzlich die Chance, Gebiete zu erhalten, von denen selbst radikale Nationalisten früher nicht einmal zu träumen wagten. Während Lemberg und Wilna beides Städte waren, die aus Warschauer Sicht wie selbstverständlich zu Polen gehören sollten und dementsprechend mit militärischen Mitteln dem Land angeschlossen wurden, fielen Polen Gebiete wie Posen, Westpreußen und Oberschlesien durch ethnische Unruhen und Entscheidungen der Ententemächte geradezu in den Schoß. Im Osten war die Lage noch unübersichtlicher, bis 1922 wurden zahlreiche Kriege zwischen schlecht organisierten und leidlich bewaffneten Parteien ausgefochten. Im August 1920 wäre Polen beinahe wieder von der Landkarte verschwunden, doch in letzter Sekunde verhinderte das ›Wunder an der Weichsel‹ die Einnahme Warschaus durch die Bolschewiken. Auf der anderen Seite besetzten polnische Truppen zwischenzeitlich Kiew. Der Krieg gegen Sowjetrussland endete im März 1921 schließlich mit dem Frieden von Riga, in dem es Polen gelang, große Gebiete jenseits der von der Entente vorgeschlagenen *Curzon*-Linie zu holen, die einmal zur längst untergegangenen Adelsrepublik gehört hatten. Im neuen Staat lebten nun Millionen Weißrussen, Ukrainer und Juden.

Die Frage war, was Polen mit den neuen Gebieten im Osten anfangen sollte. Staatsgründer Józef Piłsudski träumte von einer Föderation der bisher von Russland unterjochten Völker (gemeint waren vor allem Litauer, Weißrussen und Ukrainer) zwischen Ostsee und Schwarzem Meer, einem ›Zwischeneuropa‹ oder ›Zwischenmeerland‹ (›Międzymorze‹) unter polnischer Führung. Seine politischen Gegner aus dem Lager der Nationalkonservativen wollten jedoch einen ethnisch möglichst homogenen Nationalstaat, der die Minderheiten im Osten weitgehend polonisierte. Dafür wären sie sogar bereit gewesen, auf Gebiete zu verzichten, in denen die Polen nicht die Mehrheit stellten. Die Idee einer Föderation scheiterte zwar an den politischen Realitäten, aber die Frage nach der Stellung der Minderheiten sollte die Zweite Polnische Republik bis zu ihrem Ende begleiteten.

Der neue Staat musste sich zunächst stabilisieren. (Kagan drückt das so aus: »Die polnische Regierung hatte sich gerade an der Macht eingerichtet.«) Die über ein Jahrhundert währende Teilung hatte ihre Spuren hinterlassen, es gab starke Vorurteile und viel Misstrauen zwischen den verschiedenen Landesteilen. Hinzu kamen auch große praktische Probleme, so existierten beispielweise noch lange komplett unterschiedliche Rechtssysteme nebeneinander. Als Ergebnis ihrer früheren relativen Autonomie innerhalb Österreich-Ungarns waren es vor allem die polnischen Eliten aus Galizien, die die Schlüsselpositionen in Armee, Verwaltung und Kultur übernahmen. Das riesige wirtschaftlich-kulturelle Gefälle zwischen dem Zentrum und der östlichen Peripherie ließ sich bis zum Ausbruch des Zweiten Weltkrieges nicht auflösen. Dieser Graben wurde durch die enorme Entwicklung, die in den polnischen Großstädten in den 1920er Jahren stattfand, noch verstärkt. Die Gebiete im Osten wurden einfach abgehängt.

Die Welt, in der Idel Kagan 1929 geboren wurde, war also unwahrscheinlich weit weg von Warschau, Krakau oder Lemberg. Im Ersten Weltkrieg und in den kleineren Kriegen danach verwüstet, galt Nordostpolen als wild und unbezähmbar. Die Infrastruktur war rückständig, und gerade in den ersten Jahren der Unabhängigkeit waren die Grenzen durchlässig. Die Kriminalitätsrate war sehr hoch. Staatliche Strukturen fassten hier nur schwer fuß.

Nowogródek war Sitz der gleichnamigen Woiwodschaft; mit etwa 10.000 Einwohnern blieb sie die kleinste Hauptstadt einer Woiwodschaft im ganzen Land. Die benachbarte Stadt Baranowicze hatte in den 1930er Jahren bereits über 25.000 Einwohner und lief Nowogródek den Rang ab. Diese Woiwodschaft hatte etwa eine Million Einwohner, wovon nur etwa ein Zehntel in Städten lebte. Die Bevölkerung gliederte sich im Wesentlichen in drei Gruppen: Polen, Weißrussen und Juden; Litauer, Russen, Ukrainer und Deutsche gab es nur vereinzelt. Bei der Volkszählung 1931 hatten etwa 52 Prozent Polnisch als Muttersprache angegeben, 39 Prozent waren Weißrussen. Diese lebten ganz überwiegend auf dem Land – nur etwa drei Prozent von ihnen waren Stadtbewohner. Juden machten etwa acht Prozent der Bevölkerung aus, von denen 84 Prozent Jiddisch als ihre Muttersprache angaben, sieben Prozent Hebräisch und etwas weniger als sieben Prozent Polnisch.

Nowogródek war zwar stark jüdisch geprägt (etwa die Hälfte seiner Bewohner waren Juden), aber wenn man Kagans Erinnerungen liest, entsteht das Bild einer rein jüdischen Stadt. Dass dem nicht ganz so war, deutet er durch einen kleinen Zusatz selbst an (»[…] und, in meinen Augen, ganz und gar jüdisch«). Als Sitz der Verwaltung und eines Gerichts hatte Nowogródek auch eine starke polnische Komponente, nicht nur, weil die Stadt für die Polen untrennbar mit dem Namen ihres dort geborenen Nationaldichters Adam Mickiewicz verbunden ist.

Dennoch, die Juden dominierten die Stadt. Wie überall im damaligen Polen kontrollierten sie den größten Teil des Handels, und, wie Kagan sehr eindrücklich beschreibt, hatten sie ein sehr dichtes Geflecht an eigenen Institutionen aufgebaut. Das jüdische Leben erfuhr eine Blütezeit, und die Juden waren froh, nicht mehr unter dem Joch des russischen Zaren zu leben. Einem Erstarken des polnischen Staates mussten sie jedoch skeptisch gegenüberstehen. Je stärker sich Polen als Nationalstaat denn als Vielvölkerstaat wahrnahm, desto stärker nahmen Juden antisemitische Ressentiments wahr. Auch das berichtet Kagan – über jene Zeit spricht er bereits aus eigener Erfahrung. Abgesehen von solchen Eindrücken wird es für ihn kaum eine Rolle gespielt haben, in welchem Land er eigentlich lebte, denn seine gesamte Umgebung war jüdisch.

Im September 1939 ging all das schlagartig zu Ende, und die ostpolnischen Juden befanden sich in einer vertrackten Lage. Die Tatsache, dass Polen zusammenbrach, empfanden die meisten zwar nicht als Tragödie – schließlich war Polen für sie lediglich der Staat, dessen Bürger sie mehr oder weniger zufällig waren, und das auch erst seit 18 Jahren. Dass sie nicht in die Hände der Deutschen fielen, löste verständlicherweise offene Euphorie aus, und über Stalins Sowjetunion, bis dahin vom europäischen Geschehen weitgehend abgekoppelt, gab es bestenfalls diffuse Vorstellungen. Jedenfalls war die Sowjetunion nicht als Ort übermäßiger Judenverfolgung bekannt, ganz im Gegensatz zum früheren Zarenreich, in dem Pogromwellen periodisch wiederkehrten.

Jack Kagan beschreibt die Atmosphäre dieser Tage sehr eindrücklich. Das Bild von den Juden, die die einmarschierende Rote Armee mit Blumen begrüßen, hat sich tief im kollektiven Gedächtnis verfestigt. Für viele Polen ist das eine Wunde, die bis heute nicht verheilt ist, denn aus polnischer Sicht war die erneute russische Besatzung von Anfang an eine sehr bittere, erniedrigende Erfahrung. Das Bild muss bis heute für die vermeintliche Illoyalität der Juden herhalten, dabei wird jedoch außer acht gelassen, dass auch die Juden am Ende eben keine Gewinner des Stalinismus waren. Zwar haben sehr viele Juden schnell bei der neuen Verwaltung angeheuert – solche Stellen waren ihnen in Polen meist verwehrt geblieben – und viele traten auch in die Partei ein. Die gewaltsame Verstaatlichung der Wirtschaft hatte jedoch zur Folge, dass den meisten Juden (so auch der Familie Kagan) ihre Lebensgrundlage entzogen wurde. Zudem waren auch Juden sehr stark von willkürlichen Verhaftungen und Deportationen, etwa nach Sibirien, betroffen. Nur so ist zu erklären, dass viele Juden vor Ausbruch des deutsch-sowjetischen Krieges versuchten, ins deutsch besetzte Polen zu gelangen. Heute sagt Jack Kagan übrigens, dass bei den sowjetischen Behörden auch bei dieser Frage, wie so oft, eine verkehrte Logik galt: Wollte man ins ›Generalgouvernement‹, hatte man die größten Chancen, wenn man offiziell angab, unbedingt in der Sowjetunion bleiben zu wollen – umgekehrt verschleppte der NKWD viele Rückkehrwillige nach Sibirien.

Im Juni 1941 kam dann mit dem Überfall der deutschen Wehrmacht der zweite große Schock. Das grenznahe Nowogródek wurde schon in den ersten Kriegstagen durch Bombenangriffe weitgehend zerstört, und Juden befanden sich ab dem 3. Juli, dem Tag der Besetzung durch die Deutschen, in akuter Lebensgefahr. Am 26. Juli 1941 wurden 52 Juden auf dem Marktplatz erschossen, der zwölfjährige Idel Kagan wurde Zeuge des Massakers. Täter waren höchstwahrscheinlich Angehörige der SS-Einsatzgruppe B. In den folgenden anderthalb Jahren ermordeten die Deutschen in mehreren Einzelaktionen den Großteil der jüdischen Bevölkerung von Nowogródek und Umgebung.

Die Tatsache, dass dennoch etwa fünf Prozent der Juden Nowogródeks überlebten, grenzt beinahe an ein Wunder. Die wichtigsten Umstände, die dabei eine Rolle spielten, waren die geographischen Gegebenheiten, die Führungsqualitäten der Brüder Bielski und die Genialität der Tunnelbauer von Nowogródek.

Die deutsche Besatzung von Weißrussland war von Anfang an mit einem Krieg gegen die einheimische Bevölkerung verbunden. Bereits vor dem Angriff auf die Sowjetunion stand fest, dass sich die Wehrmacht »aus dem Land ernähren« müsse. Die Versorgung der Zivilbevölkerung war in diesem Plan nicht vorgesehen, im Gegenteil: Anfang 1941 wurde bei den Planungen für den ›Russlandfeldzug‹ der Hungertod von etwa 30 Millionen sowjetischer Bürger einkalkuliert. Dass die Bevölkerung Weißrusslands einer gezielten Hungerpolitik unterworfen wurde, lag aber auch daran, wie das Land von der deutschen Führung wahrgenommen wurde: Als eine Art Zwischenraum, den man zwischen dem Reich und dem russischen Kernland einerseits, dem Baltikum und der Ukraine anderseits überwinden müsse. Diese Gegend sollte auch später nicht mit Deutschen besiedelt, sondern kolonisiert und ausgebeutet werden. Die Einheimischen kamen in diesen Plänen, wenn überhaupt, als leicht verfügbare Masse von Arbeitssklaven vor. Der Besatzungsalltag war dementsprechend brutal, die Lage der terrorisierten, ausgehungerten Menschen verzweifelt. Viele sahen bald, dass sie nichts mehr zu verlieren hatten, und gingen zu den Partisanen. Die Besatzungsmacht reagierte auf den Widerstand ihrerseits mit äußerster Härte, und so drehte sich die Gewaltspirale bis 1944 immer weiter.

Die Gegend um Nowogródek, Lida und Baranowicze war einer der wichtigsten Schauplätze des Partisanenkrieges überhaupt. Das Gelände war geradezu ideal für Guerillataktiken: riesige, undurchdringliche Wälder wie der Nalibocka-Wald sowie große Sumpfgebiete und viele Flüsse, allen voran die Memel. Dazu kam, dass die Region weder über eine moderne Infrastruktur noch über ein stabiles staatliches Gefüge verfügte. Alles in allem war diese Gegend kein Ort, den eine Besatzungsmacht gegen eine unwillige Bevölkerung langfristig unter Kontrolle halten konnte. Daran änderte auch die gerade in Weißrussland mit unglaublicher Härte geführte ›Partisanenbekämpfung‹ nichts, bei der deutsche Einheiten hunderte von Dörfern auslöschten und ihre gesamte Bevölkerung ermordeten – wie zum Beispiel das Dorf Chatyn, an dessen Stelle heute eine beeindruckende nationale Gedenkstätte steht.

Für dieses Gebiet war außerdem noch charakteristisch, dass mehrere Partisanengruppen nebeneinander existierten, beziehungsweise gegeneinander kämpften. Grob vereinfacht könnte man sagen, dass die sowjetischen Partisanen für die Vertreibung der deutschen Besatzer kämpften in einem Gebiet, das aus ihrer Sicht wie selbstverständlich zur Sowjetunion gehörte; die Polen kämpften sowohl gegen die Deutschen als auch gegen die Russen, im tragischen Irrglauben, dass die territoriale Integrität der Zweiten Republik jemals voll wiederhergestellt werden könnte, und die Juden schließlich kämpften um das bloße Überleben.

Eine sowjetische Partisanenbewegung wurde nicht sofort aktiv, sondern allmählich, und ihre Entstehung verlief alles andere als geradlinig und reibungslos. Am Anfang gab es weder eine Strategie noch eine funktionsfähige Kommandostruktur. Auch wenn die staatliche Propaganda dies jahrzehntelang anders dargestellt haben wollte, war die sowjetische Seite auf einen Partisanenkrieg überhaupt nicht vorbereitet gewesen. Anfangs bestanden die Partisanengruppen aus versprengten Mitgliedern von Armee und Verwaltung, die kaum Kontakt zur Führungsebene jenseits der Frontlinie hatten und vor allem eines, überleben, wollten. Die meisten Gruppen wurden schnell aufgerieben. Erst ab Mitte 1942 kann von ernsthaften Bemühungen die Rede sein, kampffähige Einheiten auf die Beine zu stellen, um die deutschen Nachschublinien zu stören. Richtig professionell und schlagkräftig war die sowjetische Partisanenbewegung erst ab 1943, wobei nach den sowjetischen Siegen von Stalingrad und Kursk sicherlich auch die immer wahrscheinlichere Aussicht auf den Sieg eine Rolle bei der Rekrutierung neuer Kämpfer spielen mochte. Dennoch darf man sich die sowjetischen Partisanen nicht als eine disziplinierte Armee vorstellen, viele Gruppen waren ausgesprochen verroht und brutal. Da sie sich – wie alle anderen Guerillagruppen auch – durch Beschlagnahmung von Lebensmitteln aus dem Besitz der lokalen Bevölkerung ernähren mussten, konnten sie auch nicht immer mit der Unterstützung der Einheimischen rechnen.

Die Beziehungen der sowjetischen Partisanen zu den Juden waren nie gut, manchmal sogar feindselig; auch in ihren Reihen gab es viele Antisemiten. Nicht wenige Juden, die aus den Ghettos geflohen waren, wurden von sowjetischen Partisanen ermordet, manche fanden jedoch bei den Kämpfern auch Zuflucht und schlossen sich ihnen an. Viele zogen es auch einfach vor, ihre jüdische Herkunft bei den Partisanen zu verschweigen.

Die Entstehung einer großen jüdischen Partisanengruppe, die auch noch unwahrscheinlich erfolgreich agierte, ist hingegen nur mit der Persönlichkeit der Bielski-Brüder, allen voran Tuvias, zu erklären. Die Bielskis stammten aus einem sehr kleinen Dorf, in dem sie die einzigen Juden waren. Sie sprachen daher perfekt weißrussisch und fielen unter den Bauern überhaupt nicht auf – Fähigkeiten, die während der Partisanenzeit lebenswichtig werden sollten.

Der junge Tuvia Bielski kam schon früh mit der Welt des Militärs in Berührung: Während des Ersten Weltkriegs freundete er sich als Kind mit deutschen Soldaten an. 1927 wurde er zur polnischen Armee eingezogen. Die Armee war bei den Minderheiten unbeliebt, denn sie galt als ›Polonisierungsanstalt‹, Nichtpolen mussten ihren Dienst meist fern der Heimat ableisten. Bei der Armee erhielt Tuvia Bielski eine solide militärische Grundausbildung, außerdem erweiterte der Kontakt zu Soldaten aus völlig anderen gesellschaftlichen Schichten und Regionen auch seinen Horizont. Nicht zuletzt konnte er seine Durchsetzungsfähigkeit trainieren in einem Umfeld, das nicht selten offen antisemitisch war.

Schon am Anfang der deutschen Besatzung weigerten sich die Bielski-Brüder Tuvia, Asael und Zus, den deutschen Befehlen Folge zu leisten und tauchten lieber unter. Das große Massaker vom 8. Dezember 1941 in Nowogródek, bei dem ihre Eltern und andere engste Familienangehörige ermordet wurden, war für die Bielski-Brüder einschneidend. Sie trafen die prinzipielle und bis zur Auflösung der Gruppe gültige Entscheidung, nicht nur sich selbst, sondern auch andere retten zu wollen. Im Frühjahr 1942 gingen sie in den Wald und begannen ein Leben als Partisanen. Sie mussten sich bewaffnen und durch ›Requisition‹ ernähren. Zuerst holten sie ihre eigenen Angehörigen aus den Ghettos zu sich, später auch Personen aus dem erweiterten Freundeskreis und schließlich so viele Juden, wie nur möglich.

Dieses Grundprinzip führte immer wieder zu erbittertem Streit innerhalb der Gruppe, oft an der Grenze zur Meuterei. Viele wollten nicht einsehen, warum so viele Frauen und Kinder, und vor allem so viele alte Menschen – die zweifelsohne die Schlagkraft und die Effektivität der Gruppe einschränkten – aufgenommen wurden. Aber den Bielskis ging es nie um den Kampf um des Kampfes willen, sondern um aktive Selbstverteidigung. Schließlich bildeten die Juden die einzige Bevölkerungsgruppe, die von physischer Auslöschung bedroht war und der kein Ausweg außer der Flucht in die Wälder blieb.

Auch die Eingliederung der Gruppe in die sowjetische Partisanenbewegung ist nur vor diesem Hintergrund zu verstehen: Es war lebenswichtig, zu den Sowjets gute Beziehungen zu unterhalten. Einen Kampf um die sehr knappen Ressourcen im Wald hätten die wesentlich schlechter bewaffneten jüdischen Kämpfer nicht überleben können. Tuvia konnte sehr gut mit den Sowjets umgehen, er sprach perfekt Russisch und hatte auch keine Probleme, beim Trinken mitzuhalten. Vor allem gewann er das Vertrauen von Generalmajor Wassili Tschwernyschew, genannt ›Platon‹, der seit Frühjahr 1943 Kommandeur der sowjetischen Partisanen in dieser Region war. Bielskis Kämpfer – vor allem die *Ordschonikidse*-Abteilung – nahmen an genug Aktionen teil, um ernst genommen zu werden, und durch die Produktivität des Waldlagers machten sie sich für die Sowjets auch nützlich. Im Gegenzug konnten die Bielskis recht viel von ihrer Autonomie behalten.

Um den inneren Zusammenhalt der Gruppe zu gewährleisten, waren wiederum andere Fähigkeiten Tuvias gefragt, allem voran eine an Kompromisslosigkeit grenzende Entschlossenheit, ein bemerkenswertes Organisationstalent und Charisma, denn das Zusammenleben im Wald war alles andere als einfach. Die Gewöhnung an das Partisanenleben fiel vor allem den Angehörigen der städtischen Mittelschichten sehr schwer. Die alten gesellschaftlichen Hierarchien wurden komplett auf den Kopf gestellt, Intellektuelle galten nicht mehr viel. In dieser Gruppe waren die zupackenden jungen Männer aus einfacheren Verhältnissen tonangebend, deren Sprache und Sitten sehr roh waren. Alkohol spielte eine große Rolle im Lager, auch Tuvia trank viel, in schwierigen Phasen oft über die Maßen. Der freizügige und manchmal recht vulgäre Umgang mit Sexualität war vor allem für Mädchen und junge Frauen aus bürgerlichen Verhältnissen nur schwer zu ertragen – anderseits entstanden im Wald Liebschaften und Bindungen, die ein Leben lang hielten. Für Tuvia übrigens galt beides: Nachdem seine Frau Sonja 1943 von den Deutschen getötet worden war, heiratete er bald darauf die 20 Jahre jüngere Lilka, hatte aber weiterhin unzählige Affären. Dennoch blieben die beiden bis zum Tode Tuvias mehr als 40 Jahre später zusammen.

Es ist bemerkenswert, dass Jack Kagan gerade auf die Thematik der zwischenmenschlichen Beziehungen überhaupt nicht eingeht, genauso, wie er eigentlich seine persönlichen Erlebnisse im Lager weitgehend ausblendet. Er berichtet zwar von den Schwierigkeiten aufgrund seiner amputierten Zehen und dass er das unangenehme Gefühl hatte, anderen zur Last zu fallen, aber so gut wie nichts über den Alltag im Lager, vor allem in der Zeit zwischen Herbst 1943 und Sommer 1944.

Zum Teil ist diese Lücke bestimmt dem Umstand geschuldet, dass Jack Kagan ein bescheidener Mensch ist, der vor allem über die Bielskis berichten will. Natürlich war seine Rolle im Lager relativ bescheiden, und höchstwahrscheinlich hat er sogar darunter gelitten, dass er im Gegensatz zu seinem Cousin Berl, dem er sehr nahe stand, kein Kämpfer war. Und dennoch kann diese Zeit für ihn nicht gänzlich ereignislos gewesen sein. Schließlich war er im Wald bereits 14, 15 Jahre alt – intelligent, willensstark und zäh. Seinen Witz und Charme muss er damals schon gehabt haben, denn die sehr unsichere Zeit nach der Befreiung meisterte er gerade mithilfe dieser Fähigkeiten, als er sich durch Schwarzhandel über Wasser hielt. (Auch bei der Beschreibung jener Zeit umschifft er die Tatsache, dass er im großen Stil mit Gold und Devisen handelte, und damit nicht nur sich, sondern auch Berl und andere Freunde durchbrachte.)

Als die Rote Armee schließlich im Juli 1944 die Wehrmacht aus Westweißrussland vertrieb (womit praktisch feststand, dass dieses Gebiet nicht mehr zu Polen gehören würde), war Bielskis Mission erfüllt. Tuvia löste die Gruppe nun auf, was wieder einmal seine Autonomie gegenüber der sowjetischen Seite demonstrierte, aber auch nur konsequent war – nach der gelungenen Rettung der über 1.200 Seelen gab es keinen Grund mehr, zusammenzubleiben.

Alle Überlebenden berichten darüber, dass nun eine sehr traurige Zeit anbrach. Außer den Mitgliedern der Bielski-Gruppe gab es überhaupt keine Juden mehr. Die meisten hatten fast alle Familienangehörigen verloren und waren traumatisiert. Auch die Zukunft verhieß nichts Gutes: Nowogródek war eine zerstörte Stadt in einer verwüsteten Landschaft. Die erneute Sowjetisierung sagte nur den Wenigsten zu, die Zeit zwischen September 1939 und Juni 1941 war in schlechter Erinnerung geblieben. Viele kämpften – und fielen – noch in der Roten Armee, aber auch für die anderen ging es nicht mehr darum, ein neues Leben in Nowogródek aufzubauen, sondern die Zeit zu überbrücken, bis sich eine Gelegenheit bot, das Land zu verlassen. Bald nach Kriegsende erlaubte die Sowjetunion, Polen und Juden aus den ehemals polnischen Gebieten in die Volksrepublik Polen überzusiedeln. Mit dieser letzten Auswanderungswelle endete die jahrhundertealte jüdische (und auch die polnische) Geschichte Nowogródeks unwiederbringlich.

Die Geschichte der Bielski-Partisanen blieb jahrzehntelang in der Öffentlichkeit unbekannt. Die ehemaligen Partisanen waren überall in der Welt verstreut, und ihre Geschichte passte so gar nicht in die gängigen, lückenhaften Vorstellungen, die die Welt damals noch vom Holocaust hatte.

Auch Tuvia Bielski war weitgehend vergessen. Er vermochte es nicht mehr, im normalen, zivilen Leben wieder richtig Fuß zu fassen. Er wanderte zuerst nach Israel aus, zog aber 1956 enttäuscht in die USA weiter, wo er Lastwagen und Taxi fuhr und sehr bescheiden lebte. Immerhin wurde ihm ein Jahr nach seinem Tod ein Begräbnis in Israel zuteil, das sonst nur militärischen Helden vorbehalten ist.

Es gab lange Zeit auch kaum jemanden, der die Geschichte erzählt hätte. Die meisten Überlebenden waren in erster Linie zuerst damit beschäftigt, in der Fremde ein neues Leben aufzubauen, und viele hatten zunächst auch kein besonderes Bedürfnis zu reden. Jack Kagan erzählte dazu im November 2010 eine sehr bezeichnende Anekdote: Er lernte in London Ende der 1940er Jahre einen anderen Holocaustüberlebenden aus Osteuropa kennen, sie berichteten einander ihre sehr unwahrscheinlichen und traurigen Geschichten. Eine junge Engländerin, die dabei saß, seufzte dann, dass sie im Krieg auch furchtbar gelitten hätten – unter den deutschen Bombenangriffen. Kagan sagt, dass er nach dieser Bemerkung lange keinen Sinn darin sah, irgendetwas erklären zu wollen.

Der Wille zu erzählen kam, wie bei so vielen Überlebenden, mit dem Alter. Für Jack Kagan wurde die erste Reise nach Nowogródek im Jahr 1991 zum Schlüsselerlebnis, als er erfahren musste, dass die Spuren der jüdischen Geschichte gänzlich aus dem Stadtbild getilgt waren. Es wusste praktisch keiner mehr, dass es in der Stadt einmal eine große jüdische Gemeinde gegeben hatte. Selbst die Opfer wurden sowjetisiert; an den Massengräbern der ermordeten Juden standen Denkmäler mit der in der UdSSR üblichen Inschrift, dort seien ›friedliebende Sowjetbürger‹ bestattet. Mit diesem Schock hatte Kagan eine neue Berufung gefunden. Er setzte fortan alles daran, würdige Denkmäler am Ort der Massenerschießungen errichten zu lassen, publizierte mehrere Bücher über Nowogródek und die Bielski-Partisanen, trat regelmäßig als Zeitzeuge auf. Heute ist er einer der bekanntesten Holocaustüberlebenden in Großbritannien, das Imperial War Museum in London bietet Projekttage zu seiner Geschichte an. Sie wird auch in Berlin gezeigt, als eine von fünfzehn Familiengeschichten, die seit Mai 2005 im Ort der Information am Denkmal für die ermordeten Juden Europas zu sehen sind.

Das Wissen um die Bielski-Partisanen mag nicht sehr verbreitet sein, ihre Geschichte ist jedoch so einzigartig, dass sie mit Sicherheit von Generationen künftiger Historiker immer wieder aufgegriffen werden wird. Die Toten hingegen, die tausenden ermordeten Juden der Stadt Nowogródek, liegen in Massengräbern an entlegenen Orten im weißrussischen Wald. Dass sie nicht dem Vergessen anheimfallen, ist vor allem Jack Kagan zu verdanken. Mit diesem Buch, das nun auf Deutsch vorliegt, entreißt er sie der Anonymität und setzt ihnen, dem untergegangenen jüdischen und dem polnischen Nowogródek ein weiteres Denkmal.

Adam Kerpel-Fronius

AUSWAHLBIBLIOGRAFIE

Altman, Ilja (Hrsg.): Kholokost na territorii SSSR. Enziklopedija [Holocaust auf dem Gebiet der UdSSR. Enzyklopädie]. Moskau 2009.

Beirach, Mosche: Aus dem Ghetto in die Wälder. Bericht eines jüdischen Partisanen 1939–1944. Frankfurt am Main 2009.

Benz, Wolfgang; Distel, Barbara (Hrsg.): Der Ort des Terrors. Geschichte der nationalsozialistischen Konzentrationslager. Bd. 9: Arbeitserziehungslager, Ghettos, Jungendschutzlager, Polizeihaftlager, Sonderlager, Zigeunerlager, Zwangsarbeitslager. München 2009.

Borodziej, Włodzimierz: Geschichte Polens im 20. Jahrhundert. München 2010.

Bundeszentrale für politische Bildung (Hrsg.): Zwangsumsiedlung, Flucht und Vertreibung 1939–1959. Atlas zur Geschichte Ostmitteleuropas. Bonn 2009.

Chiari, Bernhard: Alltag hinter der Front. Besatzung, Kollaboration und Widerstand in Weißrussland 1941–1944. Düsseldorf 1998.

Gerasimova, Inna; Selemenev, Viacheslav; Kagan, Jack: We Stood Shoulder to Shoulder. Jewish Partisans in Byelorussia 1941–1944. London 2010.

Gerlach, Christian: Kalkulierte Morde. Die deutsche Wirtschafts- und Vernichtungspolitik in Weißrußland 1941 bis 1944. Hamburg 2000.

Gerlach, Christian: Krieg, Ernährung, Völkermord. Forschungen zur deutschen Vernichtungspolitik im Zweiten Weltkrieg. Hamburg 1998.

Gilbert, Martin: Sie waren die Boys. Die Geschichte von 732 jungen Holocaust-Überlebenden. Berlin 2007.

Kagan, Jack (Hrsg.): Novogrudok. History of a Jewish Shtetl. London 2006.

Musial, Bogdan (Hrsg.): Sowjetische Partisanen in Weißrussland. Innenansichten aus dem Gebiet Baranoviči 1941–1944. München 2004.

Snyder, Timothy: The Reconstruction of Nations: Poland, Ukraine, Lithuania, Belarus, 1569–1999. New Haven 2003.

Snyder, Timothy: Bloodlands. Europa zwischen Hitler und Stalin. München 2011.

Tec, Nechama: Bewaffneter Widerstand. Jüdische Partisanen im Zweiten Weltkrieg. Gießen 2009.

Zeidler, Manfred: Kriegsende im Osten. Die Rote Armee und die Besetzung Deutschlands östlich von Oder und Neiße 1944/45. München 1996.

ABBILDUNGSNACHWEIS

Bundesarchiv Ludwigsburg: Abb. 20 (BArch B 162/3456, Bl. 914)
Centralna Biblioteka Statystyczna, Warszawa: Abb. 3
MMCD NEW MEDIA GmbH, Düsseldorf: Abb. 61
Nawagrudski Histaritschna-Krajasnautschy Musej: Abb. 2, 5, 11, 17, 18, 19, 52, 53, 54
Rossijskij Gosudarstwennyj Woennyj Archiv, Moskwa: Abb. 28
Stadtarchiv München: Abb. 36
Stiftung Denkmal für die ermordeten Juden Europas: Abb. 1, 3, 4, 42, 43, 56, 58
Jack Kagan: alle übrigen

ORTSNAMENKONKORDANZ

Baranowicze – Baranawitschy
Brecianka – Bretjanka
Breslau – Wrocław
Brest-Litowsk – Brèst (Brześć nad Bugiem)
Brieg – Brzeg
Charkow – Charkiv
Danzig – Gdańsk
Delatycze – Deljatitschi
Derewna – Dseraunoje
Dsershinsk – Dsjarshynsk (Kojdanów)
Dworzec – Dwarez
Grodno – Hrodna (Goradnja)
Groß-Rosen – Rogożnica
Horodziłówka – Haradzilowka
Iwieniec – Iwjanez
Kolditschewo – Koldytschawa (Kołdyczewo)
Königsberg – Kaliningrad
Korelicze – Karelitschi (Karelitz)
Krakau – Kraków
Lemberg – L'viv (Lwów)
Lodz (Litzmannstadt) – Łódź
Lubcz – Ljubtscha
Mołodeczno – Maladsetschna (Molodetschno)
Moskau – Moskwa
Nowogródek – Nawahradak (Nowogrudok)
Nowojelnia – Nawajelnja
Rubieżewicze – Rubjaschewitschy
Skrzydlewo – Skridlewo
Stalingrad – Wolgograd (Zarizyn)
Stankiewicze – Stankewitschi
Stettin – Szczecin
Stołpce – Stowbzy
Swerdlowsk – Jekaterinburg
Warschau – Warszawa
Wilna – Vilnius (Wilno)
Wsielub – Useljob
Zdzięcioł – Dsjatlawa

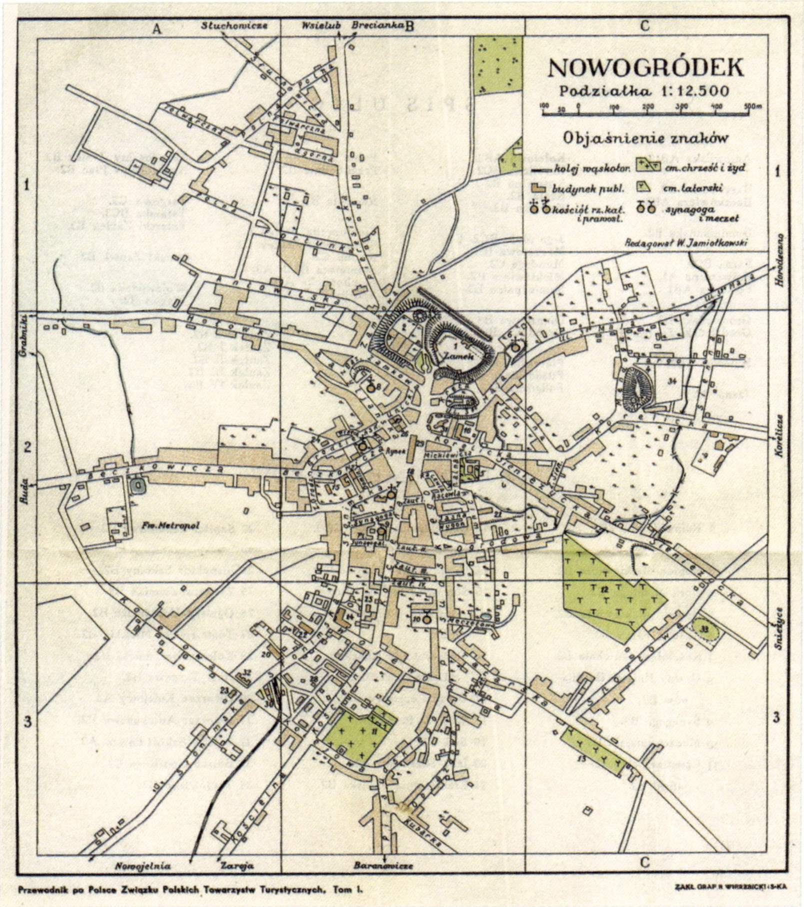

Abb. 1: Polnischer Stadtplan Nowogródeks aus der Zwischenkriegszeit.

LUDNOŚĆ 25

Tabl. 12. Ludność według płci i języka ojczystego (dok.)

Powiaty r—razem m—mężczyźni k—kobiety		Ludność ogółem	Język ojczysty: polski	ukraiński	ruski	białoruski	rosyjski	czeski	litewski	niemiecki	żydowski	hebrajski	inny	nie podany
Nieśwież	r	114 464	27 933	69	288	76 286	808	1	10	116	7 773	981	6	193
	m	56 205	14 184	42	147	36 988	387	—	4	105	3 786	467	3	92
	k	58 259	13 749	27	141	39 298	421	1	6	11	3 987	514	3	101
Miasta	r	13 505	4 526	5	1	1 940	301	1	1	46	5 880	797	5	2
	m	6 492	2 206	4	1	874	127	—	—	36	2 868	374	2	—
	k	7 013	2 320	1	—	1 066	174	1	1	10	3 012	423	3	2
Wieś	r	100 959	23 407	64	287	74 346	507	—	9	70	1 893	184	1	191
	m	49 713	11 978	38	146	36 114	260	—	4	69	918	93	1	92
	k	51 246	11 429	26	141	38 232	247	—	5	1	975	91	—	99
Nowogródek	r	149 536	35 084	67	48	102932	851	1	18	33	9 712	614	52	124
	m	71 793	16 896	33	22	49 371	379	—	7	12	4 676	317	22	58
	k	77 743	18 188	34	26	53 561	472	1	11	21	5 036	297	30	66
Miasta	r	13 252	4 750	10	—	2 015	191	1	5	12	5 703	556	4	5
	m	6 237	2 189	7	—	959	78	—	—	4	2 710	287	1	2
	k	7 015	2 561	3	—	1 056	113	1	5	8	2 993	269	3	3
Wieś	r	136 284	30 334	57	48	100917	660	—	13	21	4 009	58	48	119
	m	65 556	14 707	26	22	48 412	301	—	7	8	1 966	30	21	56
	k	70 728	15 627	31	26	52 505	359	—	6	13	2 043	28	27	63
Słonim	r	126 510	52 313	77	248	62 434	1 011	8	2	26	9 193	865	14	319
	m	60 874	25 380	49	107	29 888	445	5	—	10	4 415	423	7	145
	k	65 636	26 933	28	141	32 546	566	3	2	16	4 778	442	7	174
Miasto	r	16 251	8 452	13	32	656	369	1	2	9	5 927	756	3	31
	m	7 724	4 000	8	16	306	159	1	—	1	2 847	369	2	15
	k	8 527	4 452	5	16	350	210	—	2	8	3 080	387	1	16
Wieś	r	110 259	43 861	64	216	61 778	642	7	—	17	3 266	109	11	288
	m	53 150	21 380	41	91	29 582	286	4	—	9	1 568	54	5	130
	k	57 109	22 481	23	125	32 196	356	3	—	8	1 698	55	6	158
Stołpce	r	99 389	51 820	43	20	40 278	597	—	9	54	5 518	823	18	209
	m	48 870	25 876	23	9	19 482	280	—	3	41	2 675	378	12	91
	k	50 519	25 944	20	11	20 796	317	—	6	13	2 843	445	6	118
Miasto	r	6 557	3 020	16	3	1 351	141	—	2	16	1 346	661	1	—
	m	3 288	1 653	9	2	599	72	—	—	15	642	296	—	—
	k	3 269	1 367	7	1	752	69	—	2	1	704	365	1	—
Wieś	r	92 832	48 800	27	17	38 927	456	—	7	38	4 172	162	17	209
	m	45 582	24 223	14	7	18 883	208	—	3	26	2 033	82	12	91
	k	47 250	24 577	13	10	20 044	248	—	4	12	2 139	80	5	118
Szczuczyn (Wieś) . .	r	107 203	89 462	21	16	10 369	289	1	14	5	5 980	725	11	310
	m	52 427	43 683	14	9	5 106	136	—	7	3	2 945	362	5	157
	k	54 776	45 779	7	7	5 263	153	1	7	2	3 035	363	6	153
Wołożyn	r	115 522	76 722	21	2	32 716	524	—	47	102	5 036	225	30	97
	m	56 350	37 750	15	1	15 645	250	—	20	94	2 394	125	14	42
	k	59 172	38 972	6	1	17 071	274	—	27	8	2 642	100	16	55
Miasto	r	6 361	2 274	4	—	2 209	131	—	—	79	1 569	92	—	3
	m	3 404	1 423	3	—	1 035	60	—	—	79	756	46	—	2
	k	2 957	851	1	—	1 174	71	—	—	—	813	46	—	1
Wieś	r	109 161	74 448	17	2	30 507	393	—	47	23	3 467	133	30	94
	m	52 946	36 327	12	1	14 610	190	—	20	15	1 638	79	14	40
	k	56 215	38 121	5	1	15 897	203	—	27	8	1 829	54	16	54

Abb. 2: Ausschnitt aus den Daten der polnischen Volkszählung von 1931. Die Tabelle zeigt die Muttersprachen der Einwohner ausgewählter Bezirke, darunter Nowogródeks. Jiddisch (żydowski) und Hebräisch (hebrajski) sind getrennt aufgeführt.

Abb. 3: Der Marktplatz Nowogródeks auf einer Postkarte aus den 1920er Jahren.

Abb. 4: Kolonnaden am Marktplatz.

Abb. 5: Feldpostkarte eines deutschen Soldaten aus dem Ersten Weltkrieg. Nowogródek war von September 1915 bis Herbst 1918 durch die deutsche Armee besetzt.

Abb. 6: Nowogródek, 1920er Jahre: die kleine Holzsynagoge, in der die Familie Kagan betete.

Abb. 7: Alexander Harkavy, Linguist (1863–1939). In seiner Jugend in die USA ausgewandert, modernisierte er in den 1920er Jahren das jüdische Leben seiner Heimatstadt Nowogródek.

Abb. 8: Nowogródek, 1920er Jahre: das Hauptkomitee der jüdischen Selbstverwaltung.

Abb. 9: Jack Kagans Lieblingsbild aus dem alten Nowogródek: der Kinderchor.

Abb.10: Nowogródek, 1920er Jahre: Suppenküche.

Abb. 11: Die Fußballmannschaft des jüdischen Sportvereins *Makkabi Nowogródek*, 1930er Jahre.

Abb.12: Nowogródek, 1930er Jahre: Lehrer und Schüler von Kagans hebräischer Tarbutschule, rechts: der Lehrer Mosche Steinberg. Er überlebte den Krieg in Russland und wanderte danach nach Israel aus. Später war er Direktor einer Hebräischschule in Buenos Aires.

Abb. 13: Nowogródek, 1920er Jahre: Jack Kagans Eltern
Jankel (1901–1944) und Dwore (1903–1943).

Abb. 14: Mosche Kagan, Jacks Onkel, in der Uniform der Nowogródeker Freiwilligen Feuerwehr.

Abb. 15: Korelicze, um 1925: Familienbild. Stehend, v.l.n.r: Zwei Freunde der Familie, Jacks Mutter Dwore, sein Onkel Mosche und dessen Frau Schoschke. Sitzend: Jacks Großmutter Hannah Gittel Gurewitz, Tante Breine Feigel Gurewitz und Onkel Josef Gurewitz. Bis auf das Kleinkind Berl Kagan (Dov Cohen) wurden alle hier abgebildeten Familienmitglieder zwischen 1941 und 1943 erschossen.

Abb. 16: Nowogródek, Juni 1936: Cousinen und Cousins der Familien Sanderowski, Sucharski und Kagan. Vorne rechts Idel (Jack) Kagan, seine Schwester Nachama und Berl Kagan (Dov Cohen). Nur Idel, Berl und der hinten stehende Leiser Sanderowski überlebten den Holocaust.

Abb. 17: Nowogródek, Dezember 1941: der nach den Kriegshandlungen und der Besetzung durch die deutsche Wehrmacht verwüstete Marktplatz.

Abb. 18: Nowogródek, 1990er Jahre: Von christlichen Bauern versteckt, überlebte Bella Dzienciolska den Krieg. Bella musste als Kleinkind so lange in diesem Loch unter dem Fußboden leben, bis sie ihre Muttersprache Jiddisch verlernt hatte und die Familie sie als ihre Verwandte ausgeben konnte.

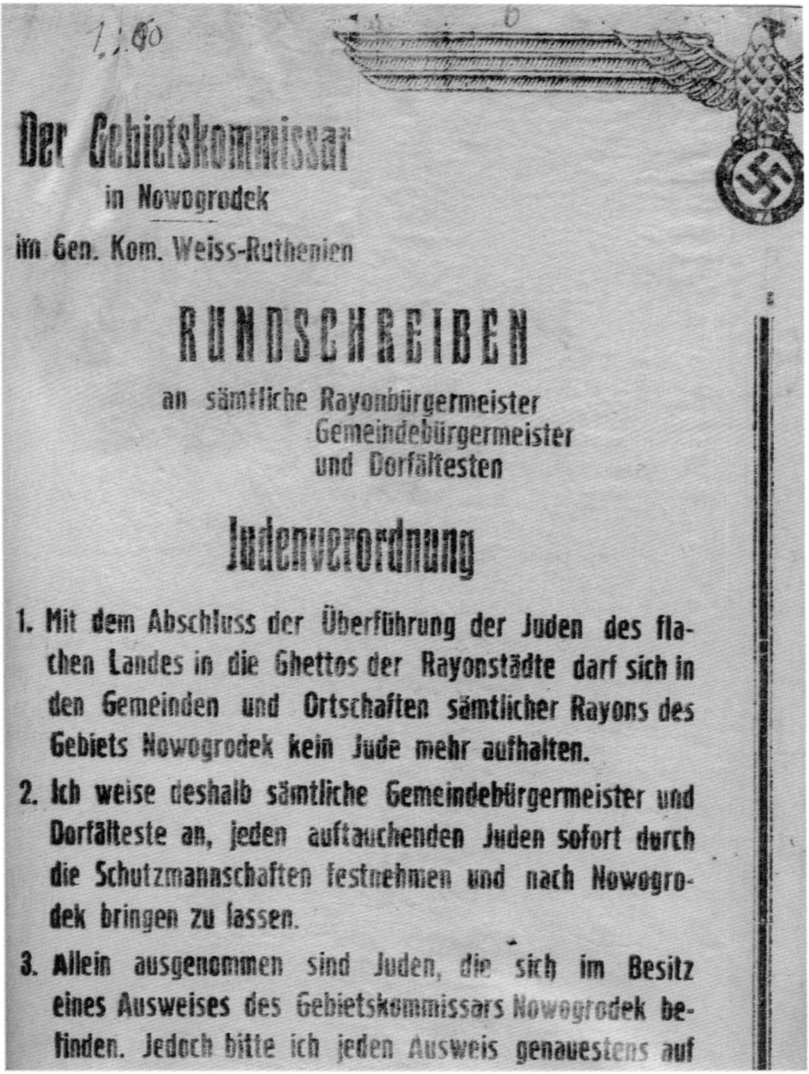

Der Gebietskommissar
in Nowogrodek

im Gen. Kom. Weiss-Ruthenien

RUNDSCHREIBEN

an sämtliche Rayonbürgermeister
Gemeindebürgermeister
und Dorfältesten

Judenverordnung

1. Mit dem Abschluss der Überführung der Juden des flachen Landes in die Ghettos der Rayonstädte darf sich in den Gemeinden und Ortschaften sämtlicher Rayons des Gebiets Nowogrodek kein Jude mehr aufhalten.

2. Ich weise deshalb sämtliche Gemeindebürgermeister und Dorfälteste an, jeden auftauchenden Juden sofort durch die Schutzmannschaften festnehmen und nach Nowogrodek bringen zu lassen.

3. Allein ausgenommen sind Juden, die sich im Besitz eines Ausweises des Gebietskommissars Nowogrodek befinden. Jedoch bitte ich jeden Ausweis genauestens auf

Abb. 19: ›Judenverordnung‹ vom März 1942 in deutscher und weißrussischer Sprache. Auf diesem Plakat wird die Ghettoisierung der Juden aus den umliegenden Ortschaften verkündet.

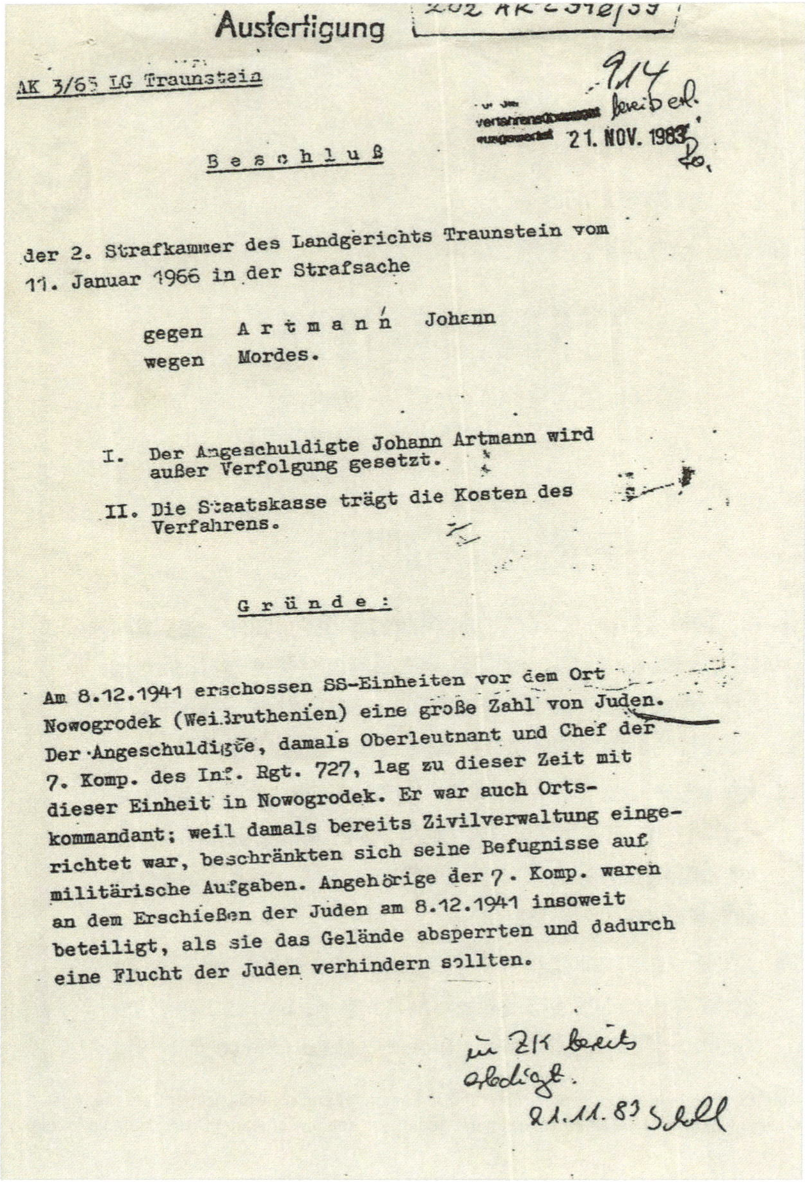

Ausfertigung

202 AR-Z 342/59

AK 3/65 LG Traunstein

914

Verfahrenseinstellung ... 21. NOV. 1983 bereits erl.

B e s c h l u ß

der 2. Strafkammer des Landgerichts Traunstein vom 11. Januar 1966 in der Strafsache

gegen A r t m a n n Johann
wegen Mordes.

I. Der Angeschuldigte Johann Artmann wird außer Verfolgung gesetzt.

II. Die Staatskasse trägt die Kosten des Verfahrens.

G r ü n d e :

Am 8.12.1941 erschossen SS-Einheiten vor dem Ort Nowogrodek (Weißruthenien) eine große Zahl von Juden. Der Angeschuldigte, damals Oberleutnant und Chef der 7. Komp. des Inf. Rgt. 727, lag zu dieser Zeit mit dieser Einheit in Nowogrodek. Er war auch Ortskommandant; weil damals bereits Zivilverwaltung eingerichtet war, beschränkten sich seine Befugnisse auf militärische Aufgaben. Angehörige der 7. Komp. waren an dem Erschießen der Juden am 8.12.1941 insoweit beteiligt, als sie das Gelände absperrten und dadurch eine Flucht der Juden verhindern sollten.

in ZK bereits erledigt.
21.11.83 Schl

Abb. 20: Deckblatt vom Urteil des Landgerichts Traunstein gegen den ehemaligen Oberstleutnant der Wehrmacht und Ortskommandanten von Nowogródek, Johann Artmann. Er wurde im Januar 1966 vom Vorwurf des Mordes freigesprochen.

Abb. 21: Tuvia Bielski (1906 – 1987)

Abb. 23: Zus Bielski (1912 – 1995)

Abb. 22: Asael Bielski (1908 – 1945)

Abb. 24: Aron (Archik) Bielski (*1927)

Abb. 25: Konstantin Koslowski, weißrussischer Verbindungsmann zwischen den Juden im Ghetto und den Partisanen. Er verhalf vielen zur Flucht und wurde von Yad Vashem 1993 postum als ›Gerechter unter den Völkern‹ geehrt.

Abb. 26: Schimon Sorin (1902 – 1974), Anführer einer weiteren jüdischen Partisanengruppe.

Abb. 27: Nalibocka-Wald, 1943: eine Gruppe bewaffneter Bielski-Partisanen.

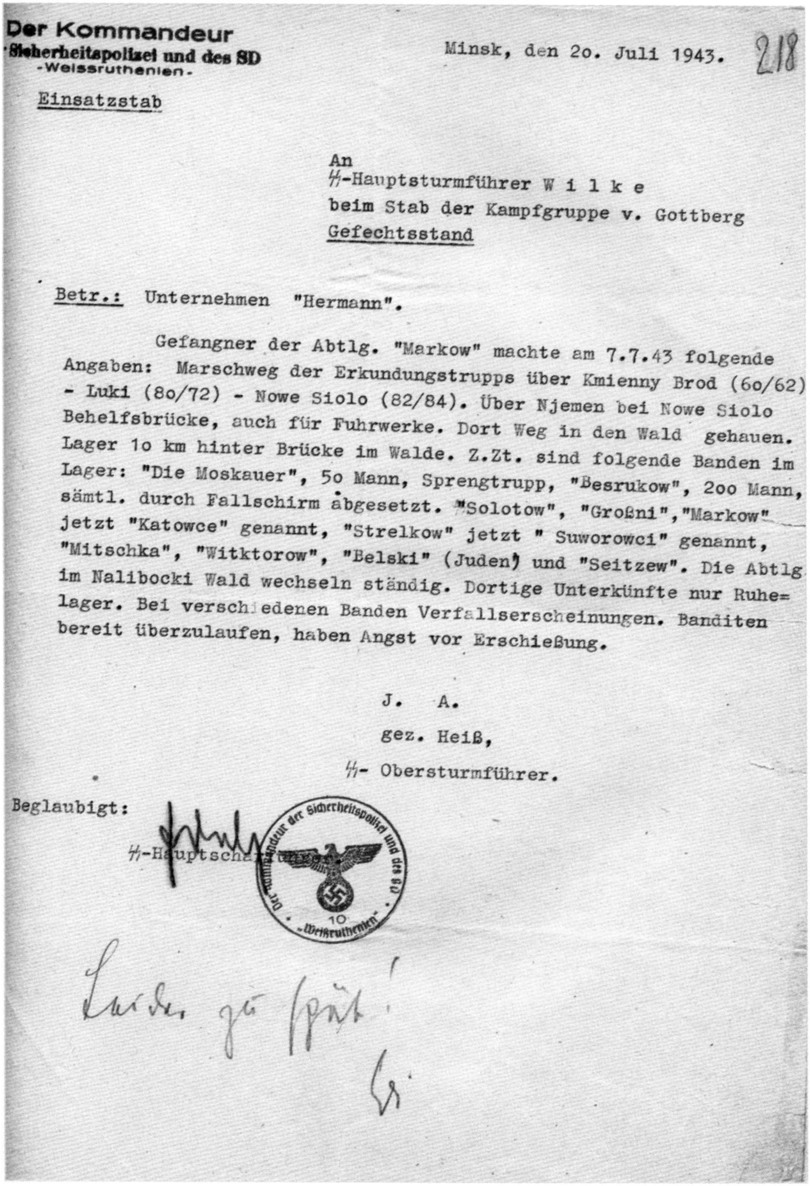

Der Kommandeur
der Sicherheitspolizei und des SD
-Weissruthenien-

Einsatzstab

Minsk, den 2o. Juli 1943. 218

An
SS-Hauptsturmführer W i l k e
beim Stab der Kampfgruppe v. Gottberg
Gefechtsstand

Betr.: Unternehmen "Hermann".

Gefangner der Abtlg. "Markow" machte am 7.7.43 folgende Angaben: Marschweg der Erkundungstrupps über Kmienny Brod (6o/62) - Luki (8o/72) - Nowe Siolo (82/84). Über Njemen bei Nowe Siolo Behelfsbrücke, auch für Fuhrwerke. Dort Weg in den Wald gehauen. Lager 1o km hinter Brücke im Walde. Z.Zt. sind folgende Banden im Lager: "Die Moskauer", 5o Mann, Sprengtrupp, "Besrukow", 2oo Mann, sämtl. durch Fallschirm abgesetzt. "Solotow", "Großni","Markow" jetzt "Katowce" genannt, "Strelkow" jetzt " Suworowci" genannt, "Mitschka", "Witktorow", "Belski" (Juden) und "Seitzew". Die Abtlg. im Nalibocki Wald wechseln ständig. Dortige Unterkünfte nur Ruhe= lager. Bei verschiedenen Banden Verfallserscheinungen. Banditen bereit überzulaufen, haben Angst vor Erschießung.

J. A.
gez. Heiß,
SS- Obersturmführer.

Beglaubigt:
SS-Hauptscharführer.

Der Kommandeur der Sicherheitspolizei und des SD
10
Weißruthenien

Leider zu spät!
Gi

Abb. 28: 20. Juli 1943: Brief aus der Kommandantur der Sicherheitspolizei und des SD in ›Weißruthenien‹ an SS-Hauptsturmführer Wilke während des *Unternehmen Hermann*, in dem auch die jüdische Gruppe »Belski« erwähnt wird. Handschriftliche Notiz Wilkes auf dem Brief: »Leider zu spät!«

Abb. 29: Porträt Berl Kagans (Dov Cohen) in Partisanenuniform.
Das Bild ist kurz nach der Befreiung 1944 entstanden.

Abb. 30: Freunde Kagans, die ebenfalls bei den Partisanen überlebten; v. l. n. r.: Pinie Boldo, Pesach Abramowitz und Ischie Oppenheim. Pesach Abramowitz und Idel Kagan flohen gemeinsam durch den Tunnel.

Abb. 31: Leiser Sanderowski überlebte den Krieg im usbekischen Samarkand. Nach der Befreiung kehrte er zurück, anschließend verließ er gemeinsam mit seinen Cousins Idel und Berl Kagan die Heimat.

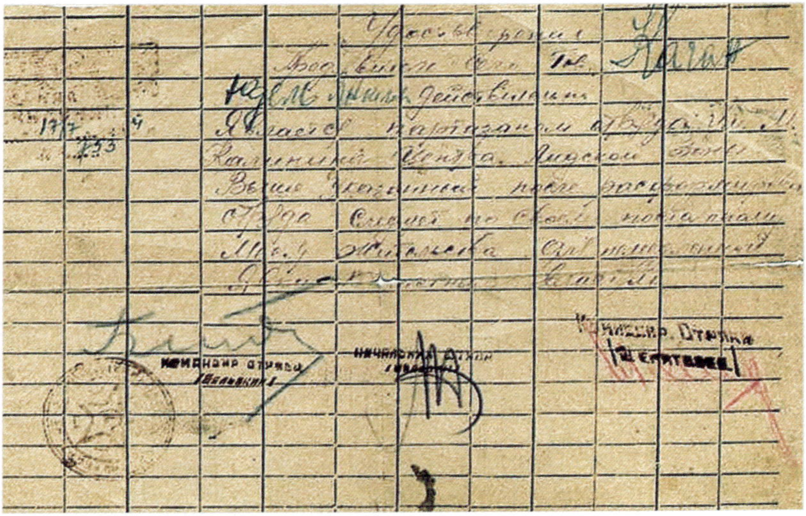

Abb. 32: Bescheinigung Idel Kagans über die Zugehörigkeit zur *Bielski*-Abteilung, ausgestellt bei deren Auflösung. Links die Unterschrift Tuvia Bielskis.

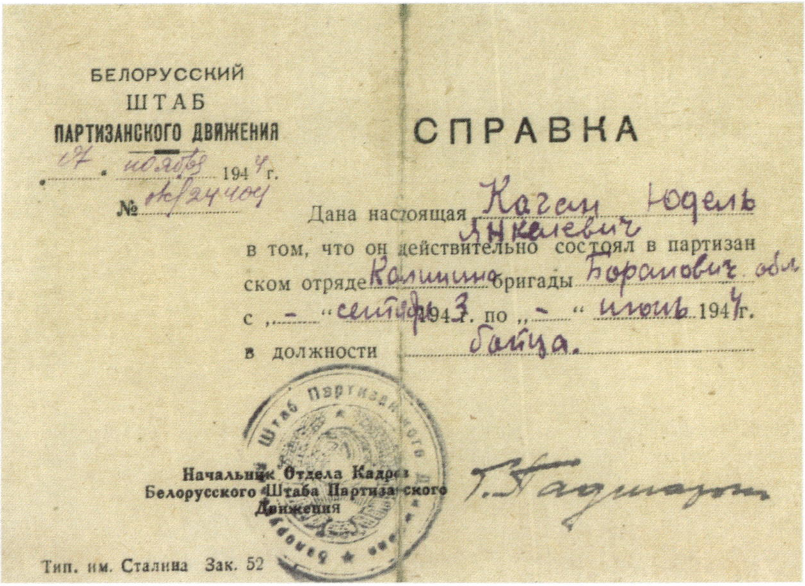
БЕЛОРУССКИЙ
ШТАБ
ПАРТИЗАНСКОГО ДВИЖЕНИЯ

СПРАВКА

„07" ноября 1944 г.
№

Дана настоящая Каган Юдель Янкелевич
в том, что он действительно состоял в партизанском отряде Калинина бригады Барановичской обл.
с „–" сентября 1943 г. по „–" июнь 1944 г.
в должности бойца.

Начальник Отдела Кадров
Белорусского Штаба Партизанского
Движения

Тип. им. Сталина Зак. 52

Abb. 33: Partisanenausweis, ausgestellt im November 1944 für »Judel Jankelewitsch Kagan« vom »Weißrussischen Stab der Partisanenbewegung«.

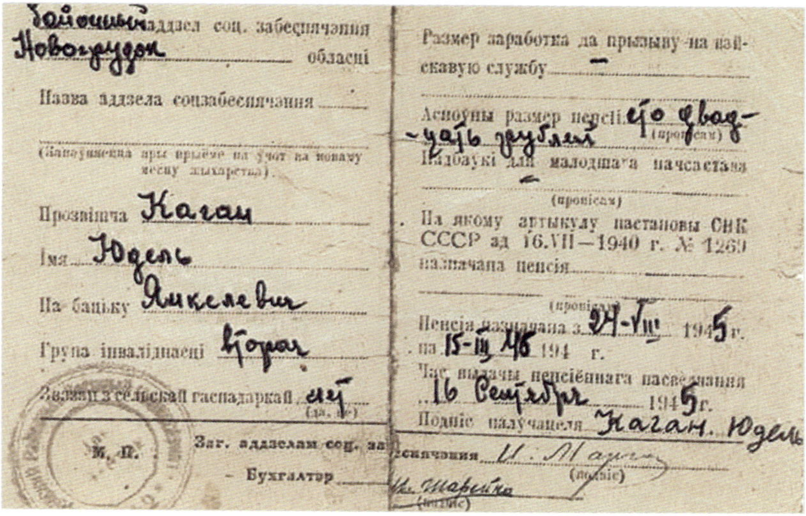
Раённы аддзел соц. забеспячэння
Новогрудок абласці

Назва аддзела соцзабеспячэння

(Запаўняецца пры пераходзе на ўлік ў новае месца жыхарства)

Прозвішча Каган
Імя Юдель
Па бацьку Янкелевич
Група інваліднасці вторая
Звязан з сельскай гаспадаркай нет (да, не)

М. П. Заг. аддзелам соц. забеспячэння
Бухгалтер

Размер заработка да прызыву на вайсковую службу —

Асноўны размер пенсіі сто двадцать рублей (прапісам)
Надбаўкі для малодшага начсастава — (прапісам)

На якому артыкулу пастановы СНК СССР ад 16.VII—1940 г. № 1269 назначана пенсія (прапісам)

Пенсія назначана з 24-VIII 1945 г.
па 15-III-46 194 г.
Час выдачы пенсійнага пасведчання 16 Сентября 1945 г.
Подпіс палучацеля Каган. Юдель
(подпіс)
(подпіс)

Abb. 34: Kagans Behindertenausweis von 1945. Zusammen mit dem Partisanenausweis brachte dieses Dokument in der Sowjetunion viele Privilegien mit sich.

СПРАВКА.

Дана настоящая тов. Кагану Юдель Янкелевичу в том что согласно имеющихся у него документов, он действительно является участником Отечественной войны с сентября 1943 года по июль 1944 года в должности [illegible]

Справка дана для получения медали "За победу над Германией в Великой Отечественной войне 1941–1945 г.г.

Председатель [illegible] Совета Депутатов [illegible] |Россошкин|
Секретарь Исполкома [illegible] Совета Депутатов [illegible] |Галкина|

Abb. 35: Bescheinigung über die Teilnahme Kagans am ›Großen Vaterländischen Krieg‹ und seinen Beitrag zum ›Sieg über Deutschland‹.

Abb. 36: München, 1946: Der Hauptbahnhof, wie ihn Kagan und viele tausend jüdische Flüchtlinge auf dem Weg in eine neue Zukunft vorgefunden haben.

Abb. 37: Landsberg am Lech, 1947: Kibbuz ehemaliger Partisanen im Displaced Persons [DP-]Camp. Kagan ist links von der Bildmitte zu sehen.

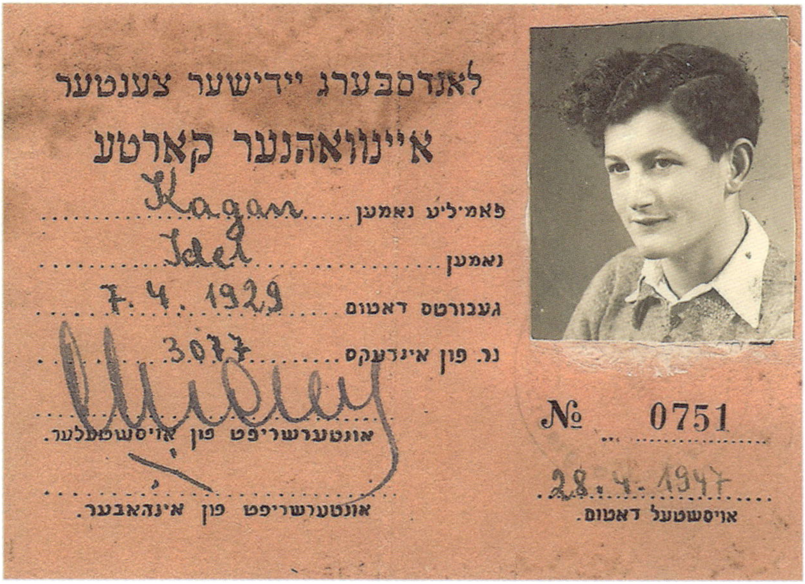

Abb. 38: Kagans Ausweis aus dem DP-Camp Landsberg am Lech.

Abb. 39: Das Flüchtlingsschiff *Exodus*, auf dem Berl Kagan 1947 nach Palästina gelangen wollte. Die Briten schickten die Flüchtlinge nach Europa zurück. Der unwürdige Umgang mit den Holocaustüberlebenden wurde zu einem internationalen Skandal.

Abb. 40: Paris, 1947: Mit dem Freund Grischa Perlman auf dem Eiffelturm. Auf dem Weg nach London verbrachte Kagan zwei Tage in der französischen Hauptstadt.

Abb. 41: London, 1955: Hochzeitsfoto von Barbara Steinfeld und Jack Kagan.

Abb. 42: Nowogródek, 2011: Burgruine, das Wahrzeichen der Stadt.

Abb. 43: Nowogródek, 2011: Bei diesem Blick vom Burghügel hat sich seit den 1920er Jahren nicht viel verändert.

Abb. 44: Nowogródek, 1992: Ehemaliger Standort der Jeschiwa (Talmudschule) und des Hauses der Familie Kagan.

Abb. 45: Nowogródek, 1992: Überreste des jüdischen Friedhofs.1956 wurden die meisten Grabsteine aus dem Boden herausgerissen und für den Bau einer Garage verwendet.

Abb. 46: Nalibocka-Wald, 1992: Jack Kagan vor einer Wohnunterkunft am ehemaligen Stützpunkt der Bielski-Partisanen.

Abb. 47: Nowogródek, 1993: Bürgermeister Bako (rechts) und Mitarbeiter der Stadtverwaltung. In der Mitte Museumsdirektorin Tamara Werschitskaja, die Kagan beim Bau der Denkmäler unterstützte.

Abb. 48: Skrzydlewo, 1993: Von Kagan gestiftetes Denkmal am Ort der ersten Massenerschießung vom 8. Dezember 1941.

Abb. 49: Skrzydlewo, 1992: Sowjetisches Denkmal am gleichen Ort, ein Jahr zuvor. Die Inschrift des danach entfernten Obelisken lautete: »Hier sind 18.000 friedliche Bürger Nowogródeks und anderer Bezirke begraben, bestialisch erschossen durch deutsche Faschisten in den Jahren des Großen Vaterländischen Krieges.«

Abb. 50: Litowka, 1993: Jack Kagan und seine Cousine Rachel Koenigsberg am Ort, wo am 7. August 1942 ihre nächsten Familienangehörigen und Kagans Großmutter ermordet wurden. Rachel war 1938 nach England ausgewandert.

Abb. 51: Nowogródek, 1993: Von Jack Kagan gestiftetes Denkmal am Ort der dritten Massenerschießung, die am 7. Mai 1943 unweit des Gerichtsgebäudes stattfand. Hier ruhen seine Mutter und seine Schwester.

Abb. 52: Nowogródek, 2007: vom Stadtmuseum nachgebaute Baracke des Arbeitslagers.

Abb. 53: Nowogródek, 2007: Das ehemalige Gerichtsgebäude. Hier waren die Juden vor der ersten Massenerschießung zusammengepfercht, später war das Gebäude Teil des Arbeitslagers. Im Vordergrund ein Denkmal für Lenins Bruder, Alexander Uljanow.

Abb. 54: Nowogródek, 2007: Modell des Arbeitslagers im Museum.

Abb. 55: London, 6. Juni 2000: Jack Kagan und Elisabeth II. bei der Eröffnung der Holocaustausstellung im Imperial War Museum.

Abb. 56: London, 2010: Seminarraum im Imperial War Museum, in dem Workshops zu Kagans Geschichte angeboten werden. In der Vitrine befindet sich ein Modell des Arbeitslagers.

Abb. 57: Jerusalem, 1990er Jahre: Ein ehemaliger Partisan am Grab Tuvia Bielskis. Nach seinem Tod 1987 wurde sein Leichnam aus den USA nach Israel überführt und mit militärischen Ehren bestattet.

Abb. 58: Berlin, 2008: Geschichte der Familie Kagan, dargestellt im Ort der Information des Holocaustmahnmals.

Abb. 59: Nowogródek, 1944: Idel Kagan und sein Freund Tevele Niankowski in Partisanenuniform kurz nach der Befreiung.

Abb. 60: Jack Kagan und Tevele Niankowski, 40 Jahre später.

Abb. 61: Polen im Jahr 1937. Gestrichelte Linie: Polen nach dem Potsdamer Abkommen 1945.